BIRGIT KNEFELKAMP

Dein Königreich komme

Birgit Knefelkamp

Dein Königreich komme

Frieden und Wohlfahrt für alle Menschen

Information der Deutschen Nationalbibliothek:
Die Deutsche Nationalbibliothek verzeichnet diese Publikation in der
Deutschen Nationalbibliografie; detaillierte bibliografische Daten sind im
Internet über http://dnb.dnb.de abrufbar.

Herstellung und Verlag: BoD – Books on Demand, Norderstedt

ISBN: 9783750411210

Inhaltsverzeichnis

DEIN KÖNIGREICH KOMME (Einleitung)

„Unser Vater in den Himmeln!

dein Name werde geheiligt.

Dein Königreich komme.

Dein Wille geschehe wie im Himmel,

so auch auf der Erde.

Gib uns heute unser Brot für diesen Tag;

und vergib uns unsere Schulden,

wie auch wir unseren Schuldnern vergeben haben.

Und bringe uns nicht in Versuchung,

sondern befreie uns von dem, der böse ist.

Denn dein ist das Reich und die Kraft und Herrlichkeit in Ewigkeit. Amen."

(Matthäus 6: 9-13)

Seit nahezu 2000 Jahren beten Menschen in dem „Vater unser", dem Mustergebet Jesu, um das Kommen des Königreiches Gottes. Doch sind sich die Menschen, sind Sie sich lieber Leser, der weitreichenden Bedeutung dieser Worte bewusst?

Die meisten Menschen bringen das Königreich Gottes ausschließlich mit dem Himmel in Verbindung. Sie meinen, wirklich friedvolle und harmonische Verhältnisse könne es nur im Himmel geben. So mancher mag sich danach sehnen, von seiner Mühsal und seinem Leid auf der Erde erlöst zu werden, um in das himmlische Reich der Glückseligkeit und des Friedens eingehen zu können.

Selbst Bibelkundige vertreten die Ansicht, wahrer Frieden und wahre Einheit seien nur in der Gegenwart Gottes möglich. Sie legen die biblische Verheißung „neuer Himmel und einer neuen Erde" wörtlich aus und glauben, dass die Menschheit den Planeten Erde durch ihr sündhaftes Verhalten einmal unbewohnbar machen wird und Leben dann, eine Zeit lang, nur noch bei Gott im Himmel möglich sei.

Doch stimmt das mit den Lehren der Heiligen Schrift überein?

Der Vers 10 im „Vater unser" (siehe obigen markierten Text) bezieht das Königreich Gottes ganz eindeutig auch auf die Erde. Der Vers macht deutlich, dass mit dem Kommen des himmlischen Königreiches der Wille Gottes nicht nur im Himmel, sondern auch auf der Erde geschehen wird. Das himmlische Königreich hat demnach sichtbare und spürbare Auswirkungen für die Menschen auf der Erde.

Wenn wir um das Kommen des Königreiches Gottes beten, dann bitten wir um Gottes Führung und Leitung für unser Leben und die damit verbundenen Segnungen.

Ganz offensichtlich leben wir heute nicht in der göttlichen Führung und Ordnung, denn sonst müssten wir nicht darum beten. Die heutigen Weltverhältnisse sprechen für sich: Atomare Bedrohung und Aufrüstung, Kriege und Weltterrorismus, Klimawandel, zunehmende Wetteranomalien und Erdbeben; alles Folgen menschlichen Missmanagements - ursächliche Folgen der Gotttrennung von vor über 6000[1] Jahren biblisch nachweisbarer Menschheitsgeschichte. Die Menschheit hat auf tragische Weise die Nähe und den Rückhalt ihres himmlischen Vaters verloren - und sie wäre verloren - hätte nicht Gott Vater eine Heilsvorkehrung geschaffen, durch die die Leben gebende geistige Verbindung wiederhergestellt wird und alle damit verbundenen göttlichen Segnungen.

Was war denn der ursprüngliche Vorsatz Gottes mit der Menschheit und welches die Segnungen?

---

1 Siehe Quellenverzeichnis: Einsichten über die Heilige Schrift, Band 1, Seite 490

Gemäß dem ursprünglichen Vorsatz Gottes sollte die Menschheit in enger Gottesbeziehung ewig auf einer paradiesischen Erde leben.

Dieser göttliche Vorsatz von ewigem irdischen Leben und einer paradiesischen Erde, ist mit dem Sündenfall und den Unabhängigkeitsbestrebungen der Menschen nicht hinfällig geworden. Er wird sich über den „Umweg der Gotttrennung" und die sich anschließende „Wiederherstellung aller Dinge" zwar zeitlich später, jedoch wie vom Schöpfer ursprünglich vorgesehen, erfüllen. (Jesaja 55:11, Matthäus 19:28).

Die Grundlage für das gesamte Heil- und Wiederherstellungsgeschehen auf der Erde ist die **Erlösung** der Menschheit von ihrer ererbten Gottesferne. Und genau das verheißt uns Gottes Wort, die Bibel:

Gott Vater konnte voraussehen, dass sich die Menschheit mit ihren Unabhängigkeitsbestrebungen früher oder später in eine krisenreiche, ausweglose Weltsituation hineinmanövrieren würde und eine Erlösungs- und Rettungsvorkehrung geschaffen werden musste, um ihr den Weg zurück zu bahnen in seine segensreiche Führung und Ordnung.

Gottes Erlösungs- und Rettungsvorkehrung ist auf Christus und 144 000 christusähnliche Menschen gegründet, den Erben der himmlischen Königreichsregierung Gottes. Sie bilden sein himmlisches Königreich, durch das er in absehbarer Zeit zum ewigen Wohl und Nutzen über die Menschheit regieren wird. Es wird alle bestehenden Regierungen und Königreiche ablösen und selbst für immer bestehen (Daniel 2:44).

Die 144 000 Mitregenten Christi gehören zu der auserwählten „kleinen Menschheitsgruppe", die ihr Erlösungs- und Heilsgeschehen frühzeitig und bevorrechtigt durch den Glauben an die messianische Königreichsbotschaft empfangen hat. Sie steht bereits in einem Leben gebenden geistigen Verhältnis zu Gott Vater und dient als Mittler für das nahende Erlösungs- und Heilsgeschehen der übrigen Menschheit. Seit Pfingsten 33 u.Z. bis in unsere

Zeit hinein, wurden Menschen dieser Geistgesalbten-Klasse für Gottes heiligen Zweck eingesammelt, sein weltumspannendes Heil- und Wiederherstellungsvorhaben auf der Erde zu führen und zu verwirklichen (Apostelgeschichte 2:1-4; Offenbarung Kap. 14:1-5, Kap. 20:4-6).

Ein Überrest geistgesalbter Personen, der heute noch auf der Erde lebt (wenige Tausend), begleitet die Menschheit durch das nahende Abschluss- und Erlösungsgeschehen in Gottes neue Weltordnung. Er sorgt dafür, dass sich das krisenreiche endzeitliche Geschehen in ein Erlösungs- und Heilsgeschehen wandeln kann. Er leistet sozusagen Geburtshilfe, um der geistigen Führung Gottes in den Herzen der Menschen zum Durchbruch zu verhelfen.

Wenn die Menschheit einen gottesnahen Status errungen hat, wird Gott Vater die Bitten des „Vater unser" erfüllen und seine Königreichsregierung segnend über die Erde einsetzen. Sein Königreich wird für friedvolle und beglückende Verhältnisse auf der Erde sorgen und die Menschheit in den paradiesischen Urzustand zurückführen (Offenbarung Kap. 21:1-4).

Wie gut ist es doch zu wissen, dass Gott Vater für eine Regierung gesorgt hat, die alle Probleme der Menschheit lösen und alles Leid beseitigen kann und wird - sein himmlisches Königreich in den Händen Christi und seiner Mitberufenen[2] (Offenbarung 11:15; 14:1-3; 20:6). Durch dieses Königreich wird die Menschheit tatsächlich alle verloren gegangenen göttlichen Segnungen zurückerlangen.

Auf diese vor uns liegende segensreiche Zeit dürfen wir uns von Herzen freuen.

Ich darf zu den berufenen Personen gehören, die den Menschen in der außergewöhnlichsten Zeit aller Zeiten ein von Gott kommendes Erlösungs- und

---

2 Siehe: „Du kannst für immer im Paradies auf Erden Leben", Seite 112-116, 122-124

Heilsgeschehen vermitteln:

Nach einer Lebenskrise habe ich im Alter von 23 Jahren die heiligende Wirkung der Königreichsbotschaft erleben dürfen. Ja, ich darf mich zu den größten Nutznießern der Königreichsverkündigung zählen, die seit mehr als 100 Jahren von der Glaubensgemeinschaft der Zeugen Jehovas durchgeführt wird.

Die biblisch fundierte Königreichshoffnung bestätigte, was ich über viele Jahre hinweg empfunden und gedacht habe - dass die bestehende Weltordnung unmöglich dem Willen Gottes entsprechen kann. Ich wünschte mir sehnlichst eine humanere, gerechtere und friedvollere Lebensordnung: Eine Ordnung, die sichtbar und spürbar der Schöpfung dient und die geschaffenen Lebensgrundlagen wahrt; eine Ordnung, die sich vorrangig an den Wünschen und Bedürfnissen der Menschen orientiert; eine Ordnung, in der es mir möglich ist, zu leben.

Die Bestätigung meiner sehnsüchtigen Herzenswünsche durch die frohe Königreichsbotschaft führte zu dem von Jesus Christus in Johannes Kap. 3: 3-8 in Aussicht gestellten Wiedergeburtserleben und erfüllte mich mit einer nie gekannten Freude und Kraft. Alle Sorgen um meine persönliche Zukunft und Gesundheit und den Bestand von „Mutter Erde" fielen augenblicklich wie schwere Sandsäcke von mir ab und haben mich seitdem nie wieder belastet. Die frohe Botschaft von Gottes gerechter, neuer Ordnung auf der Erde war die alles entscheidende, erlösende Heilsgewissheit und Hoffnung, die ich für mein Leben dringend gebraucht habe - ein geistiger Befreiungsschlag, der augenblicklich eine vertraute Nähe zu Gott Vater herstellte und mir seinen Heiligen Geist vermittelte. Ja, durch meinen Glauben an die frohe Königreichsbotschaft durfte ich Gottes Zustimmung und Liebe in überströmender Weise spüren. Mit Gott Vater auf so wunderbare Weise in Einklang und Harmonie zu kommen, ist das höchste und schönste Erleben, das einem Menschen auf Erden zu teil werden kann - eine göttliche Herzensprägung, die für immer lebensbestimmend bleibt. Seitdem ist „Gottes Königreich" mein Leben und meine ganz große Liebe.

In dem sich anschließenden Heimbibelstudium mit geschulten Königreichsverkündigern der Zeugen Jehovas stellte ich erstaunt fest, dass ich mich von vielen Schriftstellen des Neuen Testamentes persönlich angesprochen fühlte, so als wenn die Verse für mich geschrieben worden wären, bzw. ich sie verfasst hätte. Viele Schriftstellen verstand ich auf Anhieb, ohne dass es einer zusätzlichen Erklärung bedurfte; die Verfasser schienen mir aus der Seele zu sprechen. All das machte mir bewusst, dass ich ein einzigartiges Erlösungs- und Heilsgeschehen empfangen hatte, durch das ich in die Führungsriege der Königreichsvertreter Gottes aufgenommen worden war.

Ja, ich darf zu den 144 000 himmlischen Königreichserben gehören, die mit Christus in dem 1 000–jährigen irdischen Wiederherstellungswerk führend voran gehen werden. Nach mehr als 35 Jahren intensiver Bibelstudien- und Auslegungsarbeit ist die Zeit gekommen, meine christliche Berufung unter Beweis zu stellen.

Mein biblisches Verständnis ist auf die urchristlichen Lehren der Zeugen Jehovas gegründet, in deren Reihen sich ganz eindeutig geistgesalbte Personen befinden, die befähigt sind, die inspirierten Schriften wahrheitsgetreu auszulegen. Mit den wesentlichen Lehren der Glaubensgemeinschaft stimme ich überein; dazu gehört die größte und bedeutendste Lehre von Gottes nahendem Königreich – **nicht jedoch mit der endzeitlichen Auslegung**, s. Folgeseite. Keiner Religion sonst ist es gelungen zu verstehen, was dieses Königreich wirklich ist und welche Bedeutung es für die Menschen auf der Erde haben wird. Nur geistgesalbte Königreichsvertreter aus den

Reihen der „Zeugen" haben das rechte Verständnis über Gottes Königreichsvorkehrung erlangen können; in dem Königreich Gottes Mittel zur Rettung und Heilung der Nationen erkannt.

Aus dem Glauben und der Überzeugung weniger geistgesalbter Personen
ist in den letzten hundert Jahren eine große Glaubensorganisation und ein
weltweites Königreichs-Verkündigungswerk entstanden, das einzigartig ist
auf der Erde und seinesgleichen sucht. Dem missionarischen Predigteifer
aller Religionsmitglieder ist es zu verdanken, dass die frohe Botschaft von
Gottes nahendem Königreich heute überall auf der Erde verkündet wird.

Es gibt keine Religionsgemeinschaft, die auf ein ähnliches Wachstum an
Gläubigen und christlichen Aktivitäten zurückblicken kann; und keine Religion, in der sich die Gläubigen unter sehr großen persönlichen Opfern so
engagiert und selbstlos für die Königreichsinteressen auf der Erde einsetzen, wie es in der Glaubensorganisation der Zeugen Jehovas geschieht. Hier
wird der christliche Glaube wirklich gelebt; davon habe ich mich in den christlichen Zusammenkünften, die ich bis heute gern besuche, grundlegend über-
zeugen können. Ich verneige mich vor der Gemeinschaftsleistung dieser von
Gott gesegneten Glaubensorganisation!

Dennoch stimmen wesentliche Teile ihrer **endzeitlichen Deutung** nicht mit
dem nahenden realen Abschlussgeschehen der bestehenden Weltordnung
überein. Die Fehldeutung des endzeitlichen Geschehens war für mich so
gravierend, dass ich der Glaubensgemeinschaft nicht beigetreten bin und
weitestgehend allein weiterstudiert habe.

Was lässt mich so sicher sein, dass Teile der endzeitlichen Auslegung un-
stimmig sind?

Als Spätberufene habe ich den Teil der Offenbarung auslegen dürfen, der
von den früher Berufenen der Organisation Jehovas noch nicht klar gesehen
werden konnte. So stellte ich beim Lesen endzeitlicher Szenen von Kapitel

8, 9 und 12 der Offenbarung ein Vertrautheitsgefühl fest und vermochte, das Gelesene hinter mir liegenden Erlebensphasen meines persönlichen Erlösungsgeschehens zuzuordnen. Mittels dieser Schlüsselerlebnisse ist es mir gelungen, das in der Offenbarung sinnbildlich aufgezeichnete Loslöse- und Trennungsgeschehen zu deuten.

Mit meiner Bibelstudien- und Auslegungsarbeit ist die endzeitliche Deutung vervollständigt worden und die Auslegung der Offenbarung abgeschlossen. Der in der Offenbarung sinnbildlich dargestellte Übergang in Gottes neue Weltordnung wird sich binnen weniger Jahre erfüllen.

Die Offenbarung stellt den turbulenten Übergang in Gottes neue Königreichsordnung als beschwerliches Geburtsgeschehen dar, das sich primär auf geistig-emotionaler Ebene vollzieht. Es wird in sinnbildlichen Szenen dargestellt, welche bewegenden Erlebensphasen die Menschen durchlaufen müssen, um in die segensreiche Führung Gottes zu gelangen.

Dem buchstäblichen Systemwechsel geht also ein geistiger Herrschaftswechsel voraus, ein globales Erlösungsgeschehen, das den Herzensboden bereitet für die Segnungen unter der messianischen Königreichsherrschaft: Ja - ehe die ausgediente alte Weltordnung weichen kann, muss sie in unseren Herzen gestorben sein; und ehe das Königreich Gottes aufgerichtet werden kann, muss es in unseren Herzen aufgerichtet worden sein. Das himmlische Königreich kann nur über eine Menschheit eingesetzt werden, die Gott Vater und seiner Heilsvorkehrung herzensmäßig zugeneigt ist - seine Führung und Ordnung ernstlich erwartet und herbeisehnt.

So duldet Gott Vater das nahende krisenreiche Abschlussgeschehen, um Menschen von ausgedienten Lebensordnungen, Denk- und Glaubensmustern loszulösen. Abschlussgeschehen und Gerichtstag sind also ganz eindeutig Teil der Erlösungs- und Rettungsvorkehrung Gottes mit der Menschheit; ein notwendiger Reinigungs- und Regelungsprozess, der die Herzenstüren öffnet und den Weg freimacht für die geistige göttliche Führung. In diesem vorbehaltlos positiven Licht muss die frohe Königreichsbotschaft gepredigt werden, damit sie in ihrem vollen Glanz und ihrer vollen Heiligkeit erstrahlen kann.

Die derzeit noch vorherrschende apokalyptische Deutung des Gerichtstages Gottes überschattet die frohe Königreichsbotschaft mit unrealen endzeitlichen Vorstellungen und hemmt ihre erlösende und heiligende Wirkung.

Gemäß der unten genannten Publikation[3] der Zeugen Jehovas bedeutet der Gerichtstag Gottes das buchstäbliche Ende für Menschen, die nicht Unterstützer der irdischen Königreichsorganisation Jehovas sind.

Doch Kraft meiner Berufung habe ich hinter dem krisenreichen Übergangsgeschehen Gottes Erlösungs- und Rettungsvorkehrung für die Menschen erkennen können. Und zwar ein erdenweites Heilsgeschehen, von dem alle friedliebenden Menschen guten Willens profitieren werden - unabhängig von ihrer religiösen und politischen Weltanschauung, ihrer Nationalität und Herkunft. Unabhängig auch davon, ob sie als Gott hingegebene und getaufte Christen das Königreichs-Verkündigungswerk der Zeugen Jehovas unterstützt haben oder nicht.

Erlösung und **Vergebung** ist gemäß der Heiligen Schrift eine freie Gabe und Gnade Gottes und nicht an Werke und Bedingungen geknüpft (Galater 2:16-17; 3:7, 26-27). Das Heil empfangen Menschen, die reif, offen und empfänglich für die messianische Königreichsführung sind – ungeachtet menschlicher Kriterien und Beurteilungen – frei nach Gottes heiligem Vorherwissen und Ermessen.

---

3 Siehe: „Die Offenbarung! Ihr großartiger Höhepunkt ist nahe", Kap. 21-39

Allen friedliebenden Menschen guten Willens über und unter der Erde wird Erlösung und Rettung durch Gottes einzigartige Königreichsvorkehrung zu teil werden. Das ist das wahre christliche Evangelium, das heute mehr denn je verkündet werden muss.

Alle Menschen müssen erfahren, dass der Weg in Gottes segensreiche neue Weltordnung durch ein krisenreiches Übergangsgeschehen führt, das dem Erlösungsgeschehen dient. Ja - die läuternde, konstruktive Bedeutung des endzeitlichen Geschehens muss mehr denn je in den Vordergrund gerückt werden, um die bedeutsamste Zeit aller Zeiten, die Jesus Christus in Matthäus 24:21-22 für unsere Zeit vorausgesagt hat, richtig einordnen zu können.

Daher ist die uneingeschränkt frohe Botschaft von Gottes nahendem Königreich die dringlichste und beste Nachricht, die Menschen heute übermittelt werden kann.

In unserer Zeit, in der die Menschen zunehmend unter existenziellen Druck geraten und ihren Halt verlieren, ist die frohe Königreichsbotschaft zum Hoffnung spendenden, lebensrettenden Anker geworden..

Liebe(r) Leser(in):

Wir stehen nahe an der Schwelle zu Gottes verheißener neuer Weltordnung. Freuen wir uns auf die nun bald beginnende segensreiche Zeit, in der das Gotteswirken in uns und der gesamten Welt spürbar werden wird und Gottes Liebe in vollem Umfang zum Ausdruck kommt.

Das turbulente Übergangsgeschehen mag darüber hinwegtäuschen, dass wir auf dem Weg in eine segensreiche neue Weltordnung sind. Doch lassen Sie sich nicht verunsichern und nehmen keine Unruhe auf! – Die kritische Zeit dient dem Erlösungsgeschehen und muss Gottes neuer Weltordnung notwendiger Weise vorausgehen. Im Vergleich zu den ewig währenden Segnungen der Königreichsherrschaft ist der beschwerliche Übergang nur ein verschwindend kleiner Zeitabschnitt.

Auf dem Weg durch das unruhevolle Abschlussgeschehen ist es notwendig, unablässig auf Gottes segensreiche neue Weltordnung zu schauen und seiner Führung und Allmacht voll und ganz zu vertrauen!

Setzen Sie jedem negativen Gedanken, der sich aufdrängen mag, zuversichtliche Gedanken über künftige Königreichssegnungen entgegen - so kann Gott Vater Ihr Erlösungs- und Heilsgeschehen führen – Gottesbegegnung stattfinden.

Pflegen Sie Ihre Herzenswünsche und Sehnsüchte, welche immer es auch sein mögen – ja, lassen Sie sie groß werden und in den Himmel wachsen, denn **alles; wirklich alles**, was Sie sich für ein erfülltes und glückliches Leben wünschen, wird durch Gottes Königreich Wirklichkeit werden.

Dieses Buch dient als Grundlage für meine Königreichsverkündigung.
Es ist ein hilfreicher Wegbegleiter durch die besondere Zeit, die vor uns liegt.
Es soll helfen, das Zeitgeschehen konstruktiv zu deuten und hinter allem die Weisheit und Allmacht Gottes zu erkennen. Vor allem aber soll es helfen, Sie für immer mit der Liebe Gottes zu verbinden.

Ich versichere, Kraft meiner Berufung, dass meine Ausführungen zum Erlösungs- und Heilsgeschehen der biblischen Wahrheit entsprechen und sich so erfüllen werden, wie Sie es auf den folgenden Seiten nachlesen können. Haben Sie Vertrauen!

Birgit Knefelkamp   im Oktober 2019

.

„Denn die sehnsüchtige Erwartung der Schöpfung
harrt auf die Offenbarung der Söhne Gottes".

(Römer 8:19)

Kapitel 1

Das verlorene Paradies
Vorwort

Kein historisches Ereignis war von so großer Bedeutung und Tragweite, wie das der „Gotttrennung" zu Beginn der Menschheitsgeschichte. Seitdem hat sich die Welt so unruhevoll und krisenreich entwickelt, wie wir das seit 6. 000 Jahren biblisch nachweisbarer Menschheitsgeschichte erleben.

Durch kein Ereignis ist zudem die Weisheit und Langmut Gottes mehr gefordert gewesen, wie eben durch diesen Präzedenzfall der „Gotttrennung".

Wäre der Präzedenzfall nicht eingetreten, hätte die Heilige Schrift mit dem Schöpfungsbericht Moses abgeschlossen sein können. Die zahlreichen Bibelbücher, die dem Schöpfungsbericht hinzugefügt wurden, schildern die Entwicklung der Erlösungs- und Rettungsvorkehrung Gottes, die er unmittelbar nach dem Sündenfall zu Gunsten der Menschheit einleitete.

Um Gottes Heilsvorhaben verstehen zu können, ist es notwendig, sich mit dem zentralen, wichtigen Kapitel der „Gotttrennung" auseinanderzusetzen (siehe 1. Mose, Kap. 2-3). Denn nur wenn Ursache und Wirkung des damaligen Geschehens deutlich ist, kann die Vorgehensweise Gottes in diesem Präzedenzfall verstanden werden.

So wird in dem folgenden Kapitel auf das verloren gegangene Paradies eingegangen und anschließend das Heilsvorhaben Gottes beleuchtet, ein neuzeitliches Paradies zu schaffen, das unverrückbar fest in der göttlichen Schöpfungsordnung verankert ist und für immer bestehen bleiben wird.

1. Das verlorene Paradies

Um das Wiederherstellungsvorhaben Gottes verstehen zu können, ist es notwendig, den Anfang der Menschheitsgeschichte biblisch zu beleuchten: In Kapitel 2 und 3 des 1. Buches Mose wird von der Gottverbundenheit des ersten Menschenpaares berichtet und von Unabhängigkeitsbestrebungen, durch die die Einheit verloren ging.

Gemäß diesem Bibelbuch wurde das erste Menschenpaar in Vollkommenheit erschaffen. Es hatte ein vertrautes, heiliges Verhältnis zu seinem Schöpfer und erfreute sich vollkommener Gesundheit. Es lebte in buchstäblich paradiesischen Verhältnissen, die über die ganze Erde ausdehnt werden sollten.

Der „Baum des Lebens" in der Mittel ihres paradiesischen Lebensraumes war ein Symbol für die Gegenwart bzw. den Heiligen Geist Gottes und begründete das Recht auf ewiges irdisches Leben. Da es dem ersten Menschenpaar erlaubt war, von dem „Baum des Lebens" zu essen, versinnbildlichte er auch ihr Leben gebendes Verhältnis zu Gott Vater, den Zugang zum Quell seiner geistigen göttlichen Kraft. Der Lebensstrom Gottes erfüllte und regenerierte ihren Körper und erhielt sie am Leben.

Für das erste Menschenpaar war die Kommunikation mit ihrem himmlischen Vater so selbstverständlich wie die tägliche Nahrungsaufnahme. Es hatte einen direkten Bezug zu den Worten, die Jesus Christus 4 000 Jahre später während seines irdischen Dienstes äußerte: „Es steht geschrieben: Der Mensch lebt nicht von Brot allein, sondern von einem jeden Wort, das aus dem Mund Gottes geht" (Matthäus Kap. 4:4, Luther- Übersetzung).

So war das erste Menschenpaar gottgeführt. Es erhielt die rechte Wegweisung durch Zwiegespräch und Gedankenaustausch mit Gott Vater, bzw.

durch göttliche Eingebung „geschenkt" und bewegte sich „naturgemäß" intuitiv im Rahmen der göttlichen Führung und Ordnung. Der segensreiche Einfluss des geistigen göttlichen Bezugssystems war so vorherrschend, dass Adam und Eva von unguten Gedanken und Erlebnissen abgeschirmt waren. In Einheit und Harmonie mit dem Allmächtigen gab es keine Negativ-Einflüsse. Ängste, Sorgen und Probleme waren ihnen fremd. Es gab sie nicht und sie kannten sie nicht. Solange sie gottgeführt dachten und handelten, blieben ihnen ihr geistiges Paradies und ihr paradiesischer Lebensraum erhalten.

Wir haben heute große Mühe, uns ein Leben vorzustellen, in dem nur Gutes und Friedvolles geschieht. Viel zu sehr sind wir geprägt von negativen Erlebnissen. Kaum jemand glaubt, dass es den paradiesischen Urzustand wirklich gegeben hat und nur wenigen Menschen ist bewusst, dass Gott Vater im Begriff ist, diese segensreichen Verhältnisse für die Menschheit wieder herzustellen.

Doch das Wort Gottes ist absolut zuverlässig! Den harmonischen und friedvollen Urzustand hat es wirklich gegeben – allerdings nur für kurze Zeit. Dem 4. Kapitel des 1. Buches Mose, Vers 1 ist zu entnehmen, dass die Gotttrennung noch vor den ehelichen Beziehungen Adams und Evas erfolgte. Vermutlich haben die paradiesischen Lebensverhältnisse nur wenige Tage oder Wochen bestanden.

Folgende Fragen stellen sich:

Wie war es möglich, ein vollkommenes Menschenpaar aus der göttlichen Führung zu bringen?

Warum waren das Berühren des verbotenen Baumes und der Verzehr seiner Frucht mit so weitreichenden tragischen Folgen verbunden?

Gemäß dem Bibelbericht in 1. Mose, Kap. 2:16-17 mussten Adam und Eva den „Baum der Erkenntnis von Gut und Böse" meiden, um ihr einmütiges

Verhältnis zu Gott Vater zu wahren. Der verbotene Baum stellte sinnbildlich Gottes Hoheitsgebiet und Souveränität dar; seine Fähigkeit, weise grundsätzliche Entscheidungen zu treffen und somit sein Recht, über die Menschheit zu regieren. Mit der Übertretung des Gebotes, dem Versuch selbstbestimmt und unabhängig von Gott zu agieren, wurde das Unvermögen und die Unerfahrenheit des Menschenpaares aufgedeckt und das Band der Einheit zwischen Mensch und Schöpfer durchschnitten.

Der Bibelbericht in 1. Mose, Kap. 3:6-7 lautet wie folgt:

Demzufolge sah die Frau, dass der Baum gut war zur Speise und dass er etwas war, wonach die Augen Verlangen hatten, ja der Baum war begehrenswert zum Anschauen. So begann sie von seiner Frucht zu nehmen und zu essen. Danach gab sie davon auch ihrem Mann und er begann davon zu essen. **Danach wurden ihnen beiden die Augen aufgetan, und sie wurden gewahr, dass sie <u>nackt</u> waren.** Daher nähten sie Blätter zusammen und machten sich Lendenschurze.

Als sie also ihre Fähigkeit selbstbestimmt zu agieren auf die Probe stellten, wurde ihnen bewusst, dass sie unklug gehandelt hatten und nicht in der Lage waren, weise Entscheidungen zu treffen. Die Komplexität der Entscheidungsfindung und die unüberschaubaren Folgen und Abgründe möglicher Fehlentscheidungen taten sich ihnen auf. Sie fanden sich in der harten Realität der Dualität wieder, erlebten die Kehrseite eigenverantwortlichen Denkens und Handelns und sahen sich vor Herausforderungen gestellt, die bisher der Schöpfer für sie getragen hatte. Unter der Obhut und dem Schutz der Gottführung blieb ihre Unerfahrenheit und ihr Unvermögen verborgen, nun aber wurde es ihnen deutlich aufgezeigt.

Im Bewusstsein ihrer Begrenztheit und Unerfahrenheit veränderte sich ihr Verhältnis zum Schöpfer grundlegend. Sie erlebten ihren himmlischen Vater nun übermächtig, befremdend und strafend. Gottentfremdende Gefühle und

Gedanken zerstörten das sonst so unbefangene, freudige und einmütige Kindschaftsverhältnis zum Schöpfer. In der Heiligen Schrift nachzulesen in 1. Mose 3:8-11. Im Vers 10 nennt Adam selbst den Grund für seine befremdenden Gefühle in der Gegenwart Gottes. Er sagte als dieser ihn rief: "Deine Stimme hörte ich im Garten, aber ich fürchtete mich, weil ich **nackt** war, und so versteckte ich mich."

Bereits eine Kostprobe selbstbestimmten Handelns führte zum freien Fall in die Unabhängigkeit und Gottesferne. Ein geistig-emotionaler Absturz, wie er tiefer nicht sein kann – mit schwerwiegenden, tragischen Folgen, die wir heute noch tagtäglich zu spüren bekommen. Seit dem Sündenfall, dem Griff nach der verbotenen Frucht, befindet sich die Menschheit außerhalb des geistigen Einflussbereiches Gottes und ist weitestgehend von seinem Leben gebenden Geist und Segen abgeschnitten. Seitdem altern, erkranken und sterben die Menschen, seitdem gibt es Unfrieden, Konflikte und Probleme in der Welt.

War der Wunsch nach Unabhängigkeit und Selbstbestimmung nicht aufzuhalten?

Ich glaube nicht! – Es liegt „in der Natur" des Menschen, neugierig, idealistisch und selbstbestimmt zu sein. Da das erste Menschenpaar die von Gott festgelegten Grenzen in einem so frühen Stadium der Menschheitsgeschichte überschritt, liegt die Schlussfolgerung nahe, dass der Umweg über die Gotttrennung wohl unumgänglich war, den höheren Gesetzten der Weiterentwicklung und Vervollkommnung diente.

War denn die Vollkommenheit des ersten Menschenpaares mit einem Makel behaftet?

Die Vollkommenheit Adams und Evas bezog sich ausschließlich auf ihr einmütiges und vertrautes Verhältnis zu Gott Vater. Mit dem „geschenkten" Status der Vollkommenheit konnten ihnen Werte wie Weisheit, Weitsicht und Erkenntnis nicht übertragen werden. Um weise Entscheidungen treffen zu können, bedienten sie sich ganz unvermittelt der Weitsicht und Weisheit Gottes. Sie dachten und handelten gottgeführt, oftmals ohne zu wissen, warum bestimmte Dinge so und nicht anders gehandhabt wurden.

Die „geschenkte" Vollkommenheit hatte verwundbare Stellen: Sie berücksichtigte nicht den Wunsch des ersten Menschenpaares, in den Prozess der rechten Entscheidungsfindung mit einbezogen zu werden, in gewissem Umfang dabei selbstbestimmt agieren und an Erfahrung reifen zu können. Sie schirmte ab vor Eigenverantwortlichkeit und negativen Einflüssen und überdeckte das Bewusstsein für das eigene Unvermögen und den mangelnden Erfahrungsschatz. So waren Adam und Eva trotz ihrer Vollkommenheit nicht in der Lage, das Täuschungsmanöver des Widersachers zu durchschauen, der sie dazu verleitete, entgegen der Weisung Gottes, von der „verbotenen Frucht" zu essen. Er erweckte den Eindruck, Gott wolle ihnen etwas vorenthalten, als er sagte: „Denn Gott weiß, dass an demselben Tage, da ihr von dem „verbotenen Baum" esst, euch ganz bestimmt die Augen aufgetan werden, und ihr werdet ganz bestimmt sein wie Gott, **er**kennend Gut und Böse" (1. Mose 3:5). Das Gegenteil war der Fall! – Der Griff nach der „verbotenen Frucht",[4] nach göttlicher Weisheit und Erkenntnis, deckte ihr Unvermögen auf und leitete einen Jahrtausende langen leidgeprüften Selbsterfahrungsprozess ein, der Folgen und Grenzen autonomen Handelns aufzeigte und

---

4 Abweichende Auslegung des Sündenfalls: Siehe „Einsichten über die Heilige Schrift", Band 1, Seite 583-584 – „Was war die verbotene Frucht?"

die universelle Souveränitätsfrage bezüglich der rechtmäßigen Herrschaft Gottes hinreichend klären musste.

Adam und Eva tappten trotz ihrer Vollkommenheit in die Falle des Widersachers Gottes. Sie vermochten nicht, ihre Abhängigkeit von Gott zu erkennen und die weitreichenden Folgen ihres selbstbestimmten Handelns voraus zu sehen.

Durch den Sündenfall wurde deutlich, dass die „geschenkte" Vollkommenheit anfechtbar war. Das erste Menschenpaar stand nicht unverrückbar fest in der göttlichen Schöpfungsordnung. In der Beziehung zum Schöpfer gab es verwundbare Stellen und Angriffspunkte, die der Widersacher taktisch nutzte, um Adam und Eva aus der göttlichen Führung zu lotsen und seinem geistigen Einfluss zu unterstellen.

In dem ursprünglichen System der Vollkommenheit standen Adam und Eva außerhalb des Ordnungs- und Schöpfungsprozesses. In dieser „geschenkten, heilen Welt" waren sie Gäste und nicht Teilhaber bzw. Mitbegründer der göttlichen Ordnung.

Aus der Perspektive der ausschließlich „heilen Welt" war auch die Wahrnehmung getrübt für die Fülle und den Reichtum des sie umgebenden Schöpfungsgeschenkes. Tatsächlich war es unter der von Gott dominierten und behüteten Ordnung nicht möglich, weises Unterscheidungsvermögen zu erlangen und die **ganze** Fülle der Weisheit Gottes und seines Schöpfungsgeschenkes wahrzunehmen. Ein Verlassen des Ursprungssystems war notwendig, um die Stellung der Menschheit vor Gott neu ordnen zu können. Der Schöpfer konnte und durfte das Trennungsgeschehen nicht aufhalten, wenn er nicht gegen geistige Gesetzmäßigkeiten verstoßen wollte. Er hatte die geistige Führung über die Menschheit verloren und musste sie in die Unabhängigkeit entlassen, um sie nach einem langen, leidgeprüften Weg der Selbsterfahrung zurückgewinnen zu können.

Der „Umweg der Gotttrennung", den wir seit den Tagen Adams und Evas gehen, wird alle verwundbaren und instabilen Stellen in dem Verhältnis zu Gott Vater schließen. In diesen Jahrtausende langen grundlegenden Neuordnungsprozess sind bzw. werden alle Menschen über und unter der Erde einbezogen sein.

Der bereits 6 000 Jahre andauernde selbstbestimmte Weg der Menschheit wird in absehbarer Zeit ein krisenreiches Ende finden. Allen Menschen wird deutlich aufgezeigt werden, dass wir der Führung und Allmacht Gottes bedürfen, um aus der größten Krise aller Zeiten herauszufinden und unseren Planeten Erde dauerhaft in ruhige, segensreiche Bahnen zu lenken.

Die Menschheit wird Gottes neue Königreichsordnung herbeisehnen und sich Kraft eines großen Erlösungsgeschehens in seine neue Ordnung hinüberretten. In der dann beginnenden 1 000- jährigen Wiederherstellungszeit werden Gott Vater und sein Christus, vertreten durch den Überrest geistgesalbter Personen auf der Erde, **gemeinsam** mit der Menschheit eine segensreiche neue Weltordnung schaffen, die dem „Begehren alles Lebenden" entsprechen wird (Psalm 145:16). Durch dieses erfolgreiche Gemeinschaftsprojekt wird der ursprüngliche Vorsatz Gottes bezüglich der Erde und den Menschen verwirklicht werden.

Die „Wiedererschaffung aller heiligen Dinge" (des paradiesischen Urzustandes, Matthäus 19:28, 17:11-12) hat sich in Bezug auf die „himmlischen Dinge", die „neuen Himmel", bereits erfüllt: Die himmlische Königreichsregierung, die in naher Zukunft über die Menschheit regieren wird, ist vollzählig. Alle himmlischen Königreichserben sind aus der Menschheit selektiert und in einen heiligen Stand vor Gott erhoben worden.

Die Wiedererschaffung der „irdischen Dinge", der „neuen Erde", beginnt mit dem „Wiedergeburtserleben" der Menschheit im nahenden Abschluss- und

Erlösungsgeschehen. Es ist der Höhepunkt eines ergreifenden Erlebenspro-zesses, durch den die vertraute Kindschaft zu Gott Vater wiedergeboren wird. In diesen geistigen Schöpfungsakt wird die Menschheit aktiv eingebun-den sein. So wird eine Gottesbeziehung von Ewigkeitswert errungen, die als etwas einmalig Schönes und Kostbares erlebt wird.

Auf der Grundlage der wiederhergestellten Gottesbeziehung ist das gesamte Heil- und Wiederherstellungsvorhaben Gottes gegründet. Auch in dieses tausendjährige Wiederherstellungsgeschehen wird die Menschheit aktiv ein-gebunden sein: Im Laufe der Heilsentwicklung wird sie stetig gefordert sein, im Gottglauben und -vertrauen zu wachsen, um auf dem Weg des ewigen irdischen Lebens voranzudrängen.

Dieser Rehabilitations- und Neuordnungsprozess hin zu Vollkommenheit und paradiesischen Verhältnissen ist das neuzeitliche Schöpfungsgesche-hen, über das der Prophet Jesaja im 7. Jahrhundert v.u.Z. unter Inspiration schrieb: „Denn siehe, ich schaffe neue Himmel und eine neue Erde; und die früheren Dinge werden nicht in den Sinn gerufen werden, noch werden sie im Herzen aufkommen", spricht der Allmächtige …"nicht mehr wird darin der Laut des Weinens oder der Laut eines Klageschreis gehört werden" (Jesaja 65:17, 19). Die entsprechenden neutestamentarischen Parallelverse sind in 2. Petrus 3:13 und Offenbarung 21:1-4 nachzulesen. Hier heißt es auszugs-weise: „Und ich sah einen neuen Himmel und eine neue Erde; denn der frühere Himmel und die frühere Erde waren vergangen … und Gott wird bei ihnen weilen, und sie werden seine Völker sein. Und Gott selbst wird bei ihnen sein. Und er wird jede Träne von ihren Augen abwischen, und der Tod wird nicht mehr sein, noch Trauer, noch Geschrei, noch Schmerz mehr sein. Die früheren Dinge sind vergangen."

Ja – wir werden fasziniert sein und staunen über die Wunder- und Machtta-ten, die Gottes heiligende Kraft schon bald in uns und der ganzen Welt be-wirken wird!

Am Ende des neuzeitlichen Schöpfungsgeschehens steht wieder die Voll-kommenheit der Menschheit, diesmal jedoch in ihrer höchsten und wertbe-ständigsten Form, unverwundbar und unanfechtbar.
Durch ihre wieder errungene Gottesbeziehung werden auch Adam und Eva ihre Vollkommenheit einst in einem neuen Bewusstsein erleben können:
Durch den „Umweg der Gotttrennung" haben sie Gott Vater, seine Gedanken und Gesetze verstehen und lieben gelernt – sie herzensmäßig angezogen. Auch haben sie ihre Aufgabe und Bestimmung in Gottes neuer Weltordnung erkannt. Sie erleben sich als wertvollen und geliebten Teil der göttlichen Schöpfungsordnung und erkennen die erhabene Stellung des Schöpfers de-mütig an. Dankbar nehmen sie ihren Platz in der Schöpfungsordnung ein und folgen mit einem Gefühl innerer Zustimmung und Freude.

2. Der Umweg der Gotttrennung

Manchmal muss man einen Umweg gehen,

einen Weg, der eigentlich nicht vorgesehen war,

um in eine vertraute Situation zurückzukehren

und alles völlig neu

zu erleben und zu betrachten…

Da war einer, der sich aufmachte, um **se i n** Leben zu leben …

Adam und Eva ------------- der verlorene Sohn -------------- ich/du selbst

Das Gleichnis vom verlorenen Sohn

- seine übertragene Bedeutung

- seine neuzeitliche Erfüllung

Jesus Christus nahm mit dem Gleichnis vom „verlorenen Sohn" sinnbildlich Bezug auf das Heilsvorhaben Gottes mit der Menschheit. Er machte mit dem Gleichnis in übertragenem Sinn deutlich, warum Gott Vater der Menschheit den „Umweg der Selbsterfahrung" zugebilligt hat, und welche Selbstheilungskräfte sich daraus für sein Erlösungs- und Wiederherstellungsvorhaben mit der Menschheit entwickeln. Wie das Gleichnis sinnbildlich lehrt, wird der „Umweg der Gotttrennung" zu einer theokratischen Rückbesinnung der Menschheit führen und die Beziehung zu unserem himmlischen Vater wiederbeleben.

Der Evangelist Lukas hat Jesu Gleichnis vom „verlorenen Sohn" in Kap. 15, Verse 11-32 aufgezeichnet. Nachfolgend eine kurze Zusammenfassung des Gleichnisses:

Es handelt von dem jüngeren Sohn eines begüterten Landwirtes, der sich sein Erbteil auszahlen ließ, um in einem fernen Land ein Leben nach seinen Vorstellungen zu führen:

Nachdem er sein gesamtes Vermögen verschwendet hatte und zudem eine schwere Hungersnot entstand, begann er große Not zu leiden. Er fand eine Anstellung als Schweinehirt, lebte aber unter erbärmlichen und unwürdigen Verhältnissen. In seiner Not besann er sich zurück auf den Wohlstand und die geordneten Verhältnisse seines Elternhauses… Wie war es ihm doch gut ergangen unter der Obhut seines Vaters... Er sehnte sich aufrichtig zurück zu seinem Vater und machte sich demütig und vom Leben belehrt auf den Weg.

Weswegen hatte er denn sein Elternhaus verlassen?

Offensichtlich hatte er keine Wertschätzung für den Betrieb seines Vaters und mochte sich nur ungern unterordnen. Sicherlich fühlte er sich eingeengt und hatte eine freizügigere Vorstellung vom Leben. Durch seine denkwürdigen Erfahrungen außerhalb des Elternhauses erfuhr er eine grundlegende Umkehr und Erneuerung, die ihm Respekt und Achtung vor der Autorität und Weisheit seine Vaters verlieh. Der „Umweg der Selbsterfahrung" hatte ihn zu einer reifen und verständigen Sicht der Dinge geführt, und es entstand ein einmütiges, liebevolles Verhältnis zum Vater.

Voller Freude über die Rückkehr seines Sohnes äußerte der Vater zweimal die bedeutsamen Worte: „Lasst uns essen und fröhlich sein, denn dieser mein Sohn war tot und kam wieder zum Leben; er war verloren und wurde gefunden."

Mit diesen Worten wird der sinnbildliche Charakter des Gleichnisses deutlich herausgestellt. So bezieht sich der freudige Ausspruch nicht nur auf das wiederbelebte Verhältnis des Sohnes zum Vater, gemäß dem Gleichnis, sondern in übertragenem Sinne auch auf das wiederhergestellte Leben gebende Verhältnis der Menschheit zu ihrem himmlischen Vater durch den „Umweg der Gotttrennung".

Schon bald wird der freudige Ausspruch des Vaters: „Denn dieser mein Sohn war tot und kam wieder zum Leben", durch Gottes Erlösungs- und Wiederherstellungsvorkehrung seine volle Bedeutung und Aussagekraft entfalten. Denn dann wird Kraft der wiederhergestellten Leben gebenden Gottesbeziehung der adamische Tod für immer besiegt werden.

Wenden wir das Gleichnis auf Gott Vater und die Menschheit an, wird schnell deutlich, wie erstaunlich ähnlich der Verlauf der Menschheitsgeschichte dem Geschehen des Gleichnisses ist:

Auch die Menschheit verließ mit dem Sündenfall, der Gotttrennung, die Führung ihres himmlischen Vaters, um unabhängig von ihm eigene Wege zu beschreiten.

Nach mehr als 6 000 Jahren biblisch nachweisbarer Menschheitsgeschichte ist, dem Gleichnis ähnlich, zu erkennen, dass die Menschheit verschwenderisch mit den Ressourcen der Erde und sorglos mit den von Gott geschaffenen Lebensgrundlagen umgegangen ist. Derzeit befinden wir uns an der bedeutungsvollen Stelle des Gleichnisses, wo dem Sohn die materiellen Mittel ausgehen und sich sein ausschweifender Lebenswandel zu rächen beginnt. In übertragenem Sinne steht die Menschheit vor ihrem geplünderten und geschundenen Planet Erde und bekommt in zunehmender Weise die weitreichenden, ernst zu nehmenden Folgen ihrer autonomen Weltführung zu spüren: Immer häufiger und heftiger auftretende Wetteranomalien (Klimawandel), Erdbeben, Kriege und Hungersnöte sind die geballte Summe menschlichen Missmanagements, die wie ein Bumerang auf die Menschheit zurückkommt. Die Symptome bilden das „kombinierte Zeichen" endzeitlicher Indikatoren, das Jesus Christus für den nahenden Abschluss der bestehenden Weltordnung vorausgesagt hat (Matthäus 24:3, 6-7).

Die Situation spitzte sich für den Sohn im Gleichnis zu, als eine schwere Hungersnot im ganzen Land entstand und er ganz und gar mittellos wurde. Doch aus diesem materiellen und geistigen Hungerzustand heraus erfolgte auch seine Rückbesinnung und Umkehr, die ihn „geheilt" zum Vater zurückführte.

Wie in dem Gleichnis, so ist auch der krisenreiche Abschluss der bestehenden Weltordnung von **zentraler Bedeutung** für das Erlösungs- und Heilsgeschehen der Menschheit:

Gegenbildlich spitzt sich die Weltsituation durch die massiven Folgen von Ursache und Wirkung zu, die die Menschheit zu verantworten hat. Ja – wir steuern auf den brisantesten Zeitabschnitt der ganzen Menschheitsgeschichte zu, den Jesus Christus in Matthäus 24:21-22 als „große Drangsal" bezeichnete. Der Prophet Amos sagte über diese Zeit voraus: „Siehe, es kommen Tage, ist der Ausspruch des Herrn Jehova, und ich will einen Hunger in das Land senden, einen Hunger, nicht nach Brot, und einen Durst, nicht nach Wasser, sondern die Worte Gottes zu hören" (Amos 8:11).

Den Worten des Propheten ist zu entnehmen, dass die bevorstehende Krise primär geistiger Natur ist. So werden viele Menschen aus einem dringlichen Herzenswunsch heraus, die friedvollen, gerechten und edlen Wertmaßstäbe der messianischen Königreichsvorkehrung Gottes anziehen und sich in seine Führung zurücksehnen.

In dem Gleichnis lief der Vater seinem Sohn entgegen, als er ihn von weitem kommen sah und überhäufte ihn mit vielen Segnungen.

In der übertragenen neuzeitlichen Erfüllung wird es ebenso sein:

Gott Vater wird für die ihm zugewandte Menschheit das vertraute Verhältnis wiederherstellen – sie freudig aufnehmen und mit einer Fülle von Königreichssegnungen überhäufen. In seiner neuen Weltordnung wird die erlöste Menschheit seine Gegenwart, seine Liebe und Fürsorge spüren können und für alle bitteren Erfahrungen während „der Gotttrennung" entschädigt werden. Die Offenbarung verheißt, dass er jede Träne von ihren Augen abwischen wird...(Offenbarung 21:4). Ja, er wird für wahrhaft friedvolle und beglückende Lebensverhältnisse sorgen.

Bemerkenswert an dem Verhalten des Vaters in dem Gleichnis ist, dass er dem Freiheitsdrang seines Sohnes vorbehaltlos entsprach, obwohl er seine Unerfahrenheit und seine freizügige Lebenseinstellung kannte und gewiss den Ausgang seiner unabhängigen Mission ahnte. Er ließ ihn in der Fremde eigene Erfahrungen sammeln und hoffte auf seine Rückkehr und einen positiven Ausgang der Lebensschule.

Tatsächlich stellte sich die Vorgehensweise des Vaters als richtig und heilsam heraus. Die harten Lebensbedingungen außerhalb des Elternhauses bewirkten eine heilsame Wende in dem Verhältnis zum Vater und seinem souverän geführten landwirtschaftlichen Betrieb. Er konnte nun allem mit Demut, Achtung und Wertschätzung begegnen.

Wäre der Vater nach einiger Zeit seiner Vorgehensweise untreu geworden und hätte aus Sorge um das Wohl seines Sohnes in den Selbsterfahrungs-(Heilungs-) Prozess eingegriffen, hätte sich das Heilsgeschehen **nicht** entfalten und die Beziehung zum Vater **nicht** aufleben können.

Aus eben diesem Grund greift auch Gott Vater nicht in den selbstbestimmten, unruhevollen Lauf der Menschheitsgeschichte ein: Er würde die läuternde, konstruktive Wirkung des Selbsterfahrungsprozesses beeinträchtigen und das Heilsgeschehen, das sich im Schlussteil der bestehenden Weltordnung entwickelt, gefährden. Dann könnte sich die heilsame Wirkung und Wandlung **nicht** entfalten, die geistige Verbindung zum Schöpfer **nicht** wiederhergestellt werden und ewiges irdisches Leben unter paradiesischen Verhältnissen würde ein Wunschtraum bleiben.

Für das Erlösungs- und Heilsgeschehen ist es somit **zwingend notwendig**, dass die Menschheit ihren „Umweg der Selbsterfahrung" bis zum bitteren Ende **allein durchsteht**. Denn nur das Loslösegeschehen, insbesondere im Schlussteil der Weltordnung, vermag Menschen frei und empfänglich zu machen für die geistige göttliche Führung. Es stellt sozusagen die Geburtswehen einer sich ankündigenden neuen Lebensordnung dar, die in den Herzen der Menschen und der elementaren Welt zum Durchbruch gelangen will.

Wenn es einen anderen bequemeren Weg geben würde, der zurückführt in das geistige Paradies, so würde unser himmlischer Vater diesen mit uns gegangen sein. Doch ist der jetzt 6 000 Jahre alte gottgeführte Heilsweg, der einzig mögliche und wirksame Weg zurück in die göttliche Führung und Ordnung.

Bestimmt sind durch die übertragene Bedeutung des biblischen Gleichnisses das heilsgeschichtliche Wirken Gottes und seine passive Haltung im Weltgeschehen verständlich geworden.

Jesus Christus spricht:

„Denn also hat Gott die Welt geliebt,
dass er seinen eingeborenen Sohn gab,
damit alle, die an ihn glauben, **nicht verloren werden**,
sondern das ewige Leben haben.
Denn Gott hat seinen Sohn nicht in die Welt gesandt,
dass er die Welt richte,
sondern, dass die Welt durch ihn gerettet werde".

Johannes 3:16-17 (Luther- Übersetzung)

Kapitel 3

Der Heilsweg Gottes mit der Menschheit
(Vorwort)

In dem folgenden Kapitel wird anhand der Heiligen Schrift die heilsgeschicht-liche Entwicklung der Königreichsvorkehrung Gottes aufgezeigt.

Ausgehend von dem göttlichen Heilsversprechen (Edenbund), eine heilige Nachkommenschaft hervorzubringen, mittels der der Menschheit Erlösung und Rettung zu teil werden kann, wird der heilsgeschichtliche Weg bis zum Messias und dessen auserwählter Nachkommenschaft aufgezeichnet.

Die hebräischen Schriften zeichnen den heilsgeschichtlichen Werdegang bis zum Messias auf, dem „primären Samen" Abrahams und Haupteckstein der Erlösungs- und Wiederherstellungsvorkehrung Gottes.

Die christlich griechischen Schriften zeichnen das nach Christi Hingabe ein-setzende Erlösungs- und Einsammlungswerk einer auserwählten, christus-ähnlichen Menschheitsgruppe auf, die „sekundärer Same" Abrahams ist und mit Christus die himmlische Königreichsregierung Gottes bildet.

Durch den heiligenden Einfluss dieser einzigartigen Regierung wird Gott Vater alle ursprünglichen Segnungen für die Menschheit wiederherstellen.

3.   Der Heilsweg Gottes mit der Menschheit

Gemäß den inspirierten Worten des Apostels Paulus ist es Gottes Vorhaben, „für eine Verwaltung an der Grenze der Fülle der bestimmten Zeiten zu sorgen, nämlich in dem Christus wieder alle Dinge zusammenzubringen, die Dinge in den Himmeln und die Dinge auf der Erde" (Epheser 1:10).

…"denn Gott hat es für gut befunden, in ihm die ganze Fülle wohnen zu lassen und durch ihn alle Dinge wieder mit sich zu versöhnen, indem Frieden gemacht wurde durch das Blut, das er am Marterpfahl vergoss, seien es die Dinge auf der Erde oder die Dinge in den Himmeln„ (Kolosser 1:19-20).

Mit den obigen Worten nahm der Apostel Paulus Bezug auf das folgenschwere Ereignis der „Gotttrennung" zu Beginn der Menschheitsgeschichte. Was geschah?

Ein rebellierender Engel lotste das erste Menschenpaar mit seinen Unabhängigkeitsbestrebungen aus der Führung Gottes und unterstellte es seinem geistigen Einfluss, wodurch die harmonische Ordnung im ganzen Universum verloren ging.

Wie das erste Kapitel, „das verlorene Paradies", deutlich macht, war es dem ersten Menschenpaar nicht möglich, seine autonome Fehlentscheidung zurückzunehmen und in das geistige Paradies zurückzukehren. Auch war es dem Schöpfer nicht möglich, die „geschenkte Vollkommenheit" auf der Grundlage der Vergebung wiederherzustellen. Nein – weder von Seiten Gottes, noch von Seiten des ersten Menschenpaares konnte das einmütige Verhältnis willentlich wiederbelebt werden. So musste Gott Vater eine Erlösungs- und Wiederherstellungsvorkehrung schaffen, um den Führungsanspruch über seine Schöpfung zurückzugewinnen, und den Frieden und die Harmonie im ganzen Universum wiederherzustellen.

In dem Urteil, das Jehova Gott nach der Rebellion im Garten Eden über seinen Widersacher sprach, deutete er sinnbildlich auf eine Rettungsvorkehrung hin, ein Mittel zur „Wiederherstellung aller Dinge". Er sagte zum Widersacher: „Ich werde Feindschaft setzen zwischen dir und dem Weibe (Gottes himmlische Universalorganisation von Geistgeschöpfen) und zwischen deinem Samen und ihrem Samen (Christus). Er (Christus) wird dir den Kopf zertreten und du wirst ihm die Ferse zertreten" (1. Mose 3:15).

Wie Gott Vater hiermit offenbarte, wollte er einen „Samen" ermächtigen, die Werke des Widersachers abzubrechen, um seine Souveränität wieder aufzurichten. Er bewies durch diesen Heilsvorsatz (Edenbund), dass er gedanklich und strategisch unmittelbar reagierte, um seiner Schöpfung zu Hilfe zu eilen.

Es stellte sich heraus, dass der prophezeite „Same"[5] Jesus Christus ist, zusammen mit einer auserwählten Gruppe von Mitregenten aus der Menschheit. Gemeinsam bilden sie Gottes messianisches Königreich, sein Mittel zur „Wiederherstellung aller Dinge" (Daniel 7:13-14, 27; Matthäus 19:28; Lukas 12:32; Lukas 22:28-30). All das war aber nicht sofort offenbar, sondern wurde als „heiliges Geheimnis" über lang während Zeiten hindurch verborgen gehalten.

Erst im Laufe der Geschichte konnte die sinnbildliche Prophezeiung in Eden entschlüsselt und das „heilige Geheimnis" des Königreiches offenbar werden. Ein historischer Rückblick beweist, dass Gott Vater sein Heilsvorhaben

---

5 Gemäß der Übersetzung der revidierten „New World Translation" von 2013 wird das Wort „Same" mit „Nachkomme" wiedergegeben

parallel zum unabhängigen Weg der Menschheit entwickelt und so nach und nach Licht auf einzelne Aspekte seiner Rettungsvorkehrung geworfen hat.

Die alt- und neutestamentarischen Schriften dokumentieren in chronologischer Reihenfolge die heilsgeschichtliche Entwicklung der Königreichsvorkehrung Gottes. Es ist aufgezeichnet, welche systematischen Schritte Jehova Gott unternahm, um aus der Abstammungslinie eines gläubigen und gottesfürchtigen Mannes den Erlöser und Retter der Menschheit, Jesus Christus, zu erwecken. Und wie dann aus der Erlösungskraft des Blutes Christi 144 000 Personen für sein heiliges Königreichsvorhaben hervorgingen. Nachfolgend – die wichtigsten Stationen des heilsgeschichtlichen Wirkens Gottes[6]:

Annähernd 2000 Jahre nachdem Jehova Gott sein heilsprophetisches Versprechen in Eden gegeben hatte, wurde Abraham im Jahre 2018 v.u.Z. geboren. Wegen seiner Gottesfurcht und seines Glaubens erhielt er von Gott segensreiche Verheißungen in Bezug auf sein Heilsvorhaben mit der Menschheit:

"Ich werde dich bestimmt segnen … und werde deinen Samen mehren, … Könige werden aus die hervorgehen … Und durch deinen Samen werden sich bestimmt alle Nationen der Erde zufolge der Tatsache segnen, dass du auf meine Stimme gehört hast" (1. Mose 12:2-3, 5+7; 17:6; 22:15-18).

Diese Verheißung wird als „abrahamischer Bund" bezeichnet und steht in enger Verbindung mit der in Eden geäußerten Prophezeiung Gottes, einen heiligen „Samen" einzusetzen, der die Machenschaften des Widersachers

---

6 Chronologische Aufzeichnung unter Hinzuziehung folgender Wachtturmausgaben: 01.02.89, Seite 10-20; 01.02.98, Seite 8-18; 01.09.96, Seite 8-19; 15.10.2014, Seite 7-17

zunichtemachen würde. So wurde enthüllt, dass Abraham und seine Nach-kommenschaft eine Schlüsselfunktion in dem heiligen Vorsatz Gottes ein-nehmen würden.

Da also der „verheißene Same" aus der Abstammungslinie des Patriarchen Abraham kommen sollte, benötigte er einen Sohn, durch den der Nach-komme kommen konnte. Da Abraham und seine Frau Sara betagt und kin-derlos geblieben waren, stellte Gott Vater ihre Fortpflanzungsfähigkeit durch ein Wunder wieder her. Abraham war 100 und Sara 90 Jahre alt, als Isaak, der ersehnte Erbe (Same) im Jahre 1918 v.u.Z. geboren wurde und sich die göttliche Verheißung des abrahamischen Bundes zu erfüllen begann (1.Mose 18:16-21, 7).

Von den Zwillingssöhnen Isaaks erwählte Gott Jakob zum Vorfahren des „verheißenen Samens", da Esau keine Wertschätzung für sein Erstgeburts-recht hatte (1. Mose 28:10-15; Römer 9:10-13).

Jakob hatte 12 Söhne, aus denen die 12 Stämme Israels hervorgingen, die zum „verheißenen Samen" gezählt wurden. Wie sich später herausstellte, erwählte Gott den Stamm Juda als weitere Abstammungslinie für den „ver-heißenen Nachkommen" (1. Mose 49:10).

Als Jakobs Söhne eine eigene Familie hatten, sahen sie sich wegen einer Hungersnot gezwungen, nach Ägypten zu ziehen, wo sie zuerst als Gäste, später als Sklaven lebten. Im Jahre 1513 v.u.Z., 430 Jahre nachdem der abrahamische Bund in Kraft getreten war, führte Mose die inzwischen volk-reichen Stämme Jakobs aus der Sklaverei Ägyptens in die Freiheit (2. Mose 1:8-14; 12:40-41). Auf dem Weg in das verheißene Land Kanaan schloss Gott mit den Israeliten am Berg Sinai einen einzigartigen nationalen Bund, den Gesetzesbund, dessen Mittler Mose war. Durch den Gesetzesbund sorgte Gott dafür, dass sich sein Bund mit Abraham erfüllen konnte. Durch den Bund erhielt das Volk ein umfangreiches theokratisches Gesetzeswerk, das die Anbetung und das bürgerliche Leben genauestens regelte. Der Bund verbot Ehen mit Heiden und die Beteiligung an unmoralischen Handlungen und falschen religiösen Bräuchen. Er war auf diese Weise ein Schutz für die Israeliten und wirkte einer Verunreinigung der Linie des „verheißenen Samens" entgegen. Auch half er, die Linie des „Samens" zu identifizieren (2. Mose 20:4-6; 34:12-16).

Unter dem Gesetzesbund war das Volk Israel eine Gott hingegebene heilige Nation, mit ihm als himmlischem König. Das Gesetz glich einem „Erzieher", der die Israeliten in späterer Zeit glaubensvoll an den Messias und den „neuen Bund" der Sündenvergebung und Feindesliebe binden sollte (Galater 3:24; Hebräer 8:6; 2. Korinther 3:6). Um die geistigen Segnungen des späteren messianischen Bundes erben zu können, mussten die Israeliten dem Gesetzesbund treu sein. Der Schöpfer erklärte ihnen den Zweck des Gesetzesbundes folgendermaßen: „Wenn ihr meiner Stimme genau gehorchen und meinen Bund wirklich halten werdet, dann werdet ihr bestimmt mein besonderes Eigentum aus allen anderen Völkern werden … Und ihr werdet mir ein Königtum von Priestern und eine heilige Nation sein" (2. Mose 19:5).

Die Einhaltung der Bundesverpflichtungen sicherte der Nachkommenschaft Abrahams also Vorrechte in seiner Königreichsvorkehrung zu. Das deutete darauf hin, dass sie neben Jesus Christus zum erweiterten „verheißenen Samen" werden konnten.

Gott herrschte als unsichtbarer König über Israel, indem er irdische Vertreter erwählte und einsetzte; zuerst Moses und Josua, später Richter und schließlich Könige.

Nachdem Saul, als erster König Israels, die Gunst Gottes verloren hatte, wandte sich Gott dem Stamm Juda zu. Er erwählte durch den Propheten

Samuel, David zum nächsten König von Israel (1. Samuel 8:5; 9:1-2; 10:1; 16:1).

Weil David treu für die Anbetung und die Gesetze Gottes eintrat, schloss er mit ihm einen Bund für ein Königreich, wodurch er zusätzliches Licht auf die Prophezeiung aus dem Garten Eden warf. Er sagte: „Ich werde bestimmt deinen Samen nach dir erwecken, der aus deinem Innern kommen wird; und ich werde zweifellos sein Königtum festigen … Und dein Haus und dein Königtum werden gewisslich auf unabsehbare Zeit vor dir beständig sein, ja dein Thron wird ein auf unabsehbare Zeit feststehender werden" (2. Samuel 7:12-16).

Mit diesen Worten gründete Gott in der Familie Davids eine Königsdynastie für Israel und einer aus seiner Linie würde schließlich für immer herrschen. Damit schattete der loyale König David den Messias, den „verheißenen Nachkommen" vor, der ein ewiges Königreich erhalten sollte. Dass es sich dabei um ein himmlisches Königreich handeln würde, geht aus den inspirierten Worten Davids in Psalm 110:1-2 hervor: „Der Ausspruch Gottes an meinen Herrn ist: „Setz dich zu meiner Rechten, bis ich deine Feinde als Schemel für deine Füße hinlege."

Mit diesen prophetischen Worten wurde deutlich, dass der Messias – Davids Herr – einen Platz bei Gott im Himmel erhalten sollte, was bei seiner Himmelfahrt auch geschah.

Mit David begann eine Dynastie von Königen, die vom Hohen Priester mit heiligem Öl gesalbt wurden. Jeder von ihnen konnte daher zu Recht als Gesalbter oder Messias bezeichnet werden (1. Samuel 16:13; 2. Samuel 2:4; 1. Könige 1:39). Über sie wurde gesagt, dass sie in Jerusalem auf dem „Thron Gottes" saßen und seine Souveränität über die Erde ausdrückten (2. Chronika 9:8). Damit schattete das alttestamentarische Königreich Juda das himmlische Königreich Gottes vor, das über die ganze Erde regieren und für immer bestehen wird.

Unter der Regierung Davids, die 1077 v.u.Z. begann, und seines Sohnes Salomo erlebte das Königreich Israel seine Blütezeit. Die Herrschaft Salomos zeichnete sich durch beispiellosen Frieden und Wohlfahrt aus – eine herrliche Vorschau auf die messianische Königreichsherrschaft, durch die alle Nationen der Erde gesegnet werden.

Leider wurden die meisten Könige aus der Linie Davids dem Gesetzesbund untreu, wodurch das Volk mehr und mehr dem Götzendienst und der Unsittlichkeit verfiel. Schließlich ließ Jehova Gott zu, dass das Königreich i.J. 607 v.u.Z. von den Babyloniern gestürzt und Jerusalem zerstört wurde (2. Könige 25:1-26). Nach 70 Jahren Exil in Babylon räumte ihnen Gott in seiner Güte erneut die Möglichkeit ein, sich als „Same Abrahams" zu bewähren. Jerusalem und der Tempel wurden wieder aufgebaut (ab 537 v.u.Z.), aber ein souveränes Königreich sollte es nicht wieder werden. Hesekiel prophezeite diesbezüglich: „Es wird gewiss niemandes werden, bis der kommt, der das gesetzliche Recht hat, und ihm will ich es geben" (Hesekiel 21:26-27). So wartete das jüdische Volk auf den verheißenen „Samen", den Messias, der für immer Königreichsmacht empfangen sollte.

In den folgenden Jahrhunderten übte es seine Anbetung unter dem politischen und wirtschaftlichen Druck folgender Weltmächte aus: Medo-Persien von 539 bis 332 v.u.Z.; Griechenland von 331 bis 31 v.u.Z.; Rom ab 30 v.u.Z.

Für die Juden und ihren mosaischen Gesetzesbund war „die Grenze der Fülle der bestimmten Zeiten" gekommen, als Rom zur Weltmacht aufstieg. Rom unterdrückte sein beherrschtes Territorial, von allen Weltmächten vor ihm, am massivsten. Das bekam auch das Volk Gottes bitter zu spüren. Der Prophet Daniel, der in einer inspirierten Vision die aufeinanderfolgenden

Weltmächte voraussah, beschrieb das Tier, das für Rom stand, als außergewöhnlich Furcht einflößend, schrecklich und stark (Daniel 7:7, 19, 23). Mittels seiner Streitkräfte expandierte das Römische Reich in Windeseile. Die beherrschten Gebiete wurden in einer besonderen Weise durch hohe Steuerabgaben und den Kaiserkult unterdrückt.

Durch die beschwerliche Lebenssituation unter der Führung Roms wurde die Fehlbarkeit der Juden gegenüber den Bundesverpflichtungen aufgedeckt. Dieser „Gefahr" für das erhoffte Königreich versuchten die Schriftgelehrten durch eine Vielzahl von Regeln und Verordnungen, die sie dem mosaischen Gesetzestext hinzufügten, zu begegnen. Jede nur erdenkliche Lebenssituation sollte gesteuert werden, um nicht die Verheißung auf das Königreich zu verlieren. Überzogene Gesetzestreue machte die Schriftgelehrten zu unbarmherzigen religiösen Führern, die dem Volk Lasten und Bürden auferlegten, die ein unerträgliches Maß erreichten (Matthäus 23:4; 11:30). Für ihre fundamentale Gesetzestreue erwarteten die Schriftgelehrten von Gott ihr nationales Selbstbestimmungsrecht und ihr königliches Zepter zurück. Und zwar ein Königtum nach dem Vorbild ihrer großen Vorväter: David, Salomo, Josaphat und Hiskia. Sie erwarteten eine starke Führungspersönlichkeit aus der Linie Davids, der sie mit militärischen Mitteln von der Unterdrückung Roms befreien würde. Der ihnen nach alttestamentarischem Vorbild, den Sieg über alle feindlich gesinnten Völker und Nationen geben würde. Gottes Vorbildkönigreich wollten sie wieder werden, in dem Glauben, der Gesetzesbund diene weiter als Wertmaßstab für ein gottgefälliges Leben.

Zweifellos – systemschwache, aufrichtige Juden waren in großer Bedrängnis; sie waren die eigentlich Leidtragenden dieser kritischen Zeit. Doch sie vertrauten fest darauf, dass ihnen ihr himmlischer Vater durch seinen Christus zu Hilfe kommen würde (Lukas 3:15). Gott erkannte die Not treuer, aufrichtiger Juden und betrachtete die Zeit für gekommen, den ausgedienten

Gesetzesbund durch einen „neuen Bund" zu ersetzen (Jeremia 31:31-34). Da der Gesetzesbund durch Gott selbst rechtskräftig gemacht worden war, besaß auch nur er das gesetzliche Recht, den Bund aufzuheben. So sandte er seinen geliebten Sohn zur Erde, um eine notwendig gewordene Systemwende einzuleiten und bedrängte Juden, von den Bürden des Gesetzesbundes zu erlösen.

Der in Eden „verheißene Same" erschien, als Jesus Christus geboren wurde. Der Engel Gabriel prophezeite Maria: „Dein Sohn wird groß sein und Sohn des Höchsten genannt werden; und Gott wird ihm den Thron Davids, seines Vaters, geben, und er wird für immer als König über das Haus Jakob regieren, und sein Königreich wird kein Ende haben" (Lukas 1:31-33).

Jesus war als gebürtiger Jude ein Nachkomme des Patriarchen Abraham und durch seine übernatürliche leibliche Zeugung auch Sohn Gottes. Das Geschlechtsregister belegt, dass die Eltern, Joseph und Maria, Nachkommen Abrahams aus dem Stamme Juda waren. Beide Elternteile waren auch Nachkommen des ewigen Thronerben Davids.

Jesus wurde durch seine Taufe mit Heiligem Geist im Jahre 29 u.Z. der Gesalbte (Messias), der ewige Thronerbe des himmlischen Königreiches Gottes. Mit ihm erfüllten sich die prophetischen Darstellungen des alttestamentarischen Königreiches Juda. Als himmlischer Königreichsvertreter verkörperte er die zukünftige, reale Königreichsführung Gottes auf Erden und seine mild gesinnte, liebevolle Führungspersönlichkeit.

Während seiner unermüdlichen Predigttätigkeit vom „Königreich der Himmel" vermittelte er einen beeindruckenden Vorgeschmack von den Segnungen, die der Menschheit unter seiner nahenden Königreichsführung zu teil werden wird: Er speiste physisch und geistig Hungrige, heilte Kranke, auferweckte Tote und bezwang Naturgewalten. Das waren eindrucksvolle Beweise der Allmacht Gottes, die den heiligenden Zweck seiner Königreichs-vorkehrung, Menschen von Sünde und Tod zu erlösen, deutlich hervorho-ben.

In seiner Bergpredigt machte Jesus deutlich, dass sich die Werteordnung unter seiner messianischen Königreichsführung entschieden ändern sollte. Der Feindeshass und die Sündensühnung nach mosaischer Gesetzgebung sollten der Vergangenheit angehören. Vielmehr sollte in Zukunft die Fein-desliebe und Vergebung als gerechter Wertmaßstab für die Beurteilung von Menschen vor Gott dienen (Matthäus 5:38-48). Mit seinen Ausführungen über Gottes gerechte, neue Ordnung auf der Erde entsprach er genau der Erwartung bedrängter, systemschwacher Juden, die ernstlich eine Erlösung vom Gesetzesbund herbeisehnten. Systemaußenseiter, Leidende und Be-nachteiligte waren es vorrangig, die Jesus und seine Königreichsbotschaft von Herzen willkommen hießen.

Der mosaische Gesetzesbund sollte also nur zeitlich befristet gelten. Er diente als notwendige Vorbereitungszeit für den geistigen Herrschaftswech-sel, der sich in den Herzen der Menschen vollziehen sollte; weg vom irdi-schen Bezugssystem göttlicher Anbetung, hin zum wahren „geistigen Tem-pel" der überströmenden Liebe und Güte Gottes. Gemäß den Worten des Apostels Paulus glich das Gesetz „einem Erzieher", der zu Christus führte (Galater 3:23-25). Durch die „Verwahrung unter Gesetz" sollten zu gegebe-ner Zeit die Herzenstüren geöffnet werden für den Glauben an die frohe, messianische Königreichsbotschaft. Somit war der Gesetzesbund Wegbe-reiter für das Erlösungs- und Heilsgeschehen der treuen Fußstapfen Nach-folger Christi, derjenigen, die mit ihm im „Königreich der Himmel" regieren werden.

Leider ließen sich nur wenige Juden vom Gesetzesbund erlösen. Die Nation Israel als „kollektiver Same Abrahams" versagte, weil sie ihren Erlöser nicht erkannte. Viele Juden hingen dem Gesetzesglauben an und waren unempfänglich für das große Vorrecht, das sich ihnen durch Jesus Christus bot. Sie erkannten nicht die deutlichen Zeichen einer bevorstehenden Systemwende. In ihren Augen lehnte sich Jesus mit seinen christlichen Lehren in schwerwiegender Weise gegen den Gesetzesbund auf und verdiente die somit härteste Strafe, die das mosaische Sühnegesetz vorsah - den Tod an einem Marterpfahl. Mit dem schmachvollen Tod, den sie Jesus beibrachten, wollten sie die nach mosaischer Gesetzgebung größte Verachtung Gottes gegen ihn zum Ausdruck bringen.

Das hatte Folgen für ihr Bundesverhältnis mit Gott: Gesetzestreue Juden, die Christus verwarfen, wurden fortan nicht mehr zum „Samen Abrahams" gezählt und starben förmlich von den Verheißungen des göttlichen Bundes ab (Galater 3:16).

Dagegen wurden all jene Menschen gesegnet, die aufgrund ihres messianischen Königreichsglaubens ein einzigartiges Erlösungs- und Heilsgeschehen empfingen. Sie wurden Kraft des Blutes Christi mit Heiligem Geist gesalbt und in den „neuen Bund" Gott nahestehender, auserwählter Personen aufgenommen. Gott übertrug somit die abrahamischen Verheißungen von dem buchstäblichen Israel auf das „geistige Israel"; auf Menschen aus allen Nationen, die sich durch ihre Abraham verwandte, gläubige und demütige Herzenseinstellung als seine wahre Nachkommenschaft auszeichnen (Römer 2:28-29; Galater 2:16). Mit der Hingabe und Auferstehung Jesu Christi wurde die Spreu vom Weizen getrennt und die wahre **geistige Nachkommenschaft** Abrahams **hervorgebracht**, die mit Christus in Gottes himmlischem Königreich regieren wird. Allerdings verblieb den Juden noch für drei Jahre das Vorrecht, Erben der himmlischen Königreichsverheißung Gottes zu werden, ehe es auf alle Nationen überging.

Wie geschah das **Hervorbringen** bzw. die **Zeugung** geistgesalbter Personen?

Der Apostel Paulus hob in diesem Zusammenhang die Bedeutung des messianischen Königreichsglaubens (Christusglaubens) hervor (Galater 2:16; 3:7, 11, 14): Der Königreichsglaube christusnaher Menschen wurde vollkommen gemacht und erhielt Erlösungskraft, **als Jesus mit seinem Leben für die christlichen Maßstäbe der Vergebung und Feindesliebe eintrat** und Gott ihn sichtbar segnete, indem er ihn auferweckte und zu einer übergeordneten himmlischen Stellung erhöhte. Dadurch bestätigte er die Rechtmäßigkeit des irdischen Dienstes Jesu und entsprach dem aufrichtigen Wunsch systemschwacher Juden nach einer humanen christlichen Lebensordnung.

Als sie die Bedeutung der Hingabe Christi erkannten und erfassten, mit welch grenzenloser Liebe ihnen Gott Vater durch seinen Christus zu Hilfe geeilt war, entstand eine innige Gottverbundenheit und eine überschwängliche Freude und Dankbarkeit, die Grundlage war für das damalige Erlösungs- und Heilsgeschehen (Römer 8:35-39; Johannes 3:16; 1.Johannes 4:7-10, 16-19).

Kraft der Liebe Gottes, die durch Christus wirksam wurde, konnte der geistige Bann der Gesetzesgläubigkeit überwunden und erlöste Juden in die geistige göttliche Führung zurückgekauft werden. Menschen, die mit dem Liebesstrom Gottes, seinem Heiligen Geist, gesalbt wurden, erlebten eine „geistige Geburt" (Johannes 3:3; 1:12-13). Als „geistgezeugte, wiedergeborene" Söhne Gottes wurden sie in den „neuen Bund" aufgenommen und von Gott als solche erkannt, die seine Gesetze in ihren Herzen geschrieben trugen und den innigen Wunsch hatten, seinen Willen zu tun (Hebräer 8:10, Galater 3:26; 4:6-7). Mit ihrer Salbung erwählte er sie zu Teilhabern seines himmlischen Königreiches, zum „sekundären Samen" Abrahams.

120 jüdische Anhänger Jesu, die zu Pfingsten 33 u.Z. in Jerusalem versammelt waren, erlebten als erste diese „geistige Geburt". Mit ihnen begann das große Einsammlungswerk der himmlischen Königreichserben, dessen Zahl der Apostel Johannes in der Offenbarung mit 144 000 bekannt gab (Offenbarung 14:1-5, Apostelgeschichte 2:1-4). Da nur eine begrenzte Anzahl von Juden würdig war, die Nachfolge Jesu anzutreten und die von ihm in Aussicht gestellten königlichen Ämter zu empfangen, wurde die Einsammlung im Jahre 36 u.Z. auf Menschen aller Nationen ausgedehnt (Lukas 22:28; Johannes 14:2-3; Matthäus 23:37-39; Matthäus 21:42-43). In dem besagten Jahr wurde deutlich, dass der Heilige Geist Gottes auch auf Menschen aus den Nationen ausgegossen wurde. Auch sie nahmen die messianische Königreichsbotschaft gläubig an und ließen sich von den geistigen Zwängen römischer Vorherrschaft erlösen. Gottes heilige Salbung machte deutlich, dass er sie gleichermaßen in seine himmlische Königreichsregierung berufen hatte (Apostelgeschichte 10:34-35; Römer 9:30-32; Epheser 2:11-17).

Mit dem Heimgang der Apostel gegen Ende des 1.Jahrhunderts u.Z. begann das organisierte Einsammlungswerk über einen langen Zeitraum hinweg zu ruhen. Erst im Jahre [7]1914 u.Z., als „die bestimmten Zeiten der Nationen" abgelaufen waren, wurde es wiederbelebt und in großem Umfang fortgesetzt. In dem besagten Jahr empfing Christus himmlische Königreichsmacht und „läutete" die „Zeit des Endes" für die gegenwärtige Weltordnung ein. Seit dieser Zeit sind die Weltverhältnisse zunehmend kritischer geworden; ein Gegenbild zur weichenden Ära des mosaischen Gesetzesbundes im 1. Jahrhundert. Wie damals reagierten bedrängte, aufrichtige Menschen auch im neuzeitlichen Erlösungs- und Einsammlungswerk überaus empfänglich auf die frohe messianische Königreichsbotschaft. Auf diese Weise konnten die

---

7 s. Quellenverzeichnis: Die Prophezeiung Daniels, achte darauf! - Seite 94-97

restlichen Glieder der Königreichsklasse gefunden und mit Heiligem Geist versiegelt werden. Zum gegenwärtigen Zeitpunkt darf das Einsammlungswerk als abgeschlossen betrachtet werden.

So hat Jehova Gott ohne Aufsehen erregendes Spektakulum, fernab jeglichen Medienrummels – im Verborgenen – seine himmlische Führungsriege aus der Menschheit berufen und ihnen Königreichswürde verliehen. Nach mehr als 6000 Jahren heilsgeschichtlichen Gotteswirkens ist mit seinem Königreich der Grundstein gelegt für ein fortschreitendes Heilsgeschehen, das in der „Wiederherstellung aller Dinge" gipfelt.

Inwiefern erfüllen die Königreichserben auf der Erde einen heiligenden Dienst?

Durch Christus und seine Mitberufenen hat Gott Vater seinem Königreich Leben eingehaucht; und durch sie wird er Leben vermitteln; allen Menschen guten Willens ewiges irdisches Leben ermöglichen.

Der Apostel Paulus schrieb diesbezüglich an mitberufene Christen: „Ihr aber seid ein auserwähltes Geschlecht, eine königliche Priesterschaft, eine heilige Nation, ein Volk zum besonderen Besitz, damit ihr die Vorzüglichkeit dessen weit und breit verkündet, der euch aus der Finsternis in sein wunderbares Licht berufen hat" (1. Petrus 2:9).

Geistgezeugten Personen ist der Königreichsglaube ins Herz gepflanzt. Sie haben am eigenen Körper die heiligende Wirkung der Königreichsbotschaft erfahren; sind durch die ihnen zu teil gewordene Wiederherstellungskraft der überströmenden Liebe Gottes, Zeugen und Bürgen seines nahenden Heilsvorhabens mit der Menschheit. Wie Christus sind sie Lichtspender in einer immer dunkler werdenden Welt. Mutig verkünden sie den Menschen bessere Lebensverhältnisse unter Gottes gerechter, neuer Ordnung auf der Erde. In einer brisanten, von Anfeindungen geprägten Welt, gehen sie damit einen christusähnlichen opferbereiten Weg, der Gottes Liebe zur Menschheit darstellt und Erlösungskraft hat.

Der Überrest der Geistgesalbten, der heute noch auf der Erde lebt, spiegelt Gott Vater in dem Gleichnis „vom verlorenen Sohn" wieder. An seiner bzw. an Christi statt kommt er einer umgekehrten, empfänglichen Menschheit mit den Segnungen der messianischen Königreichsordnung entgegen.

Geistgesalbte legen mit ihrem unerschütterlichen Glauben an Gottes Heil- und Wiederherstellungskraft den Grundstein für seine neue Weltordnung. Kraft ihres Gut- bzw. Gottglaubens bahnen sie der Menschheit den Weg zurück in die göttliche Führung und vermitteln endlose Königreichssegnungen. Doch ist ihr irdischer Königreichsdienst begrenzt, er stellt eine Leih- Opfergabe Gottes dar. Wie Jesus Christus gehen sie heim zu ihrem himmlischen Vater, um in seinem Königreich als Könige und Priester mit ihm zu dienen (Römer 6:5; 1. Korinther 15:50: Offenbarung 20:4, 6). Der Apostel Johannes sah sie in einer Vision bereits verherrlicht auf dem himmlischen Berg Zion zusammen mit dem Lamm, dem auferweckten Herrn Jesus Christus: „Und ich sah, und siehe! Das Lamm stand auf dem Berg Zion und mit ihm 144 000, die seinen Namen und den Namen seines Vaters an ihrer Stirn geschrieben trugen … Diese wurden als Erstlinge aus den Menschen für Gott und für das Lamm erkauft … Und sie kamen zum Leben und regierten als Könige mit dem Christus für tausend Jahre" (Offenbarung 14:1-5; 20:4).

Von ihrer erhabenen himmlischen Stellung aus koordinieren sie mit Christus das Heil- und Wiederherstellungsgeschehen auf der Erde. Durch ihren dann ausschließlich geistigen Einfluss auf die irdischen Dinge, entsteht ein Schöpfungsgeschehen, das sich aus der Glaubenskraft und dem spirituellen Wachstum der Menschheit heraus entwickelt.

Mit diesem Rückblick auf 6000 Jahre heilsgeschichtlichen Gotteswirkens wird deutlich, dass Gott Vater dem krisenreichen Weltgeschehen nicht tatenlos zugesehen hat, sondern seit dem Tag der Gotttrennung unablässig an seinem Vorsatz zur Rettung der Menschheit gearbeitet hat. Systematisch, Schritt für Schritt, verwirklicht er sein prophetisches Heilsversprechen in Eden, die göttliche Führung und Ordnung auf der Erde wieder herzustellen. Welche der im Edenbund sinnbildlich dargestellten Prophezeiungen Gottes haben sich bis heute erfüllt (1. Mose 3:15)?

Mit Jesus Christus erschien der „verheißene Same", um die Werke des Widersachers abzubrechen und Menschen aus seiner Knechtschaft zu erlösen. Bei seinem Tod an einem Marterpfahl erfüllte sich ein weiterer Teil jener alten Prophezeiung der besagte, dass der Widersacher „dem Samen die Verse zertreten würde". Gott Vater heilte jedoch die schmerzhafte Wunde, indem er Jesus von den Toten auferweckte und zu einer übergeordneten himmlischen Stellung erhöhte. Diese erhabene Stellung ermächtigt ihn, den letzten Teil jener alten Prophezeiung zu erfüllen; nämlich dem Widersacher den Kopf zu zertreten, ihn gänzlich außer Kraft zu setzen. Dieses Urteil wird Christus nach seiner 1000-jährigen Königreichsherrschaft, der „Wiederherstellung aller Dinge", ausführen.

Wie wahr doch die Worte des Propheten Jesaja sind, der unter Inspiration die göttlichen Worte empfing: "So wird sich mein Wort erweisen, das aus meinem Munde hervorgeht. Es wird nicht ergebnislos zu mir zurückkehren, sondern es wird gewisslich das tun, woran ich Gefallen gehabt habe, und es wird bestimmt Erfolg haben in dem, wozu ich es gesandt habe" (Jesaja 55:11).

Kapitel 4

Das Königreich Gottes

(Vorwort)

Liebe Leserin, lieber Leser:

Unsere Welt hat sich in den letzten Jahren spürbar verändert:
Viele Menschen sorgen sich wegen der angespannten Weltsituation und den zunehmenden Krisen vielfältigster Art um ihre persönliche Zukunft.
Unser Leben scheint aus der Bahn zu gleiten…
Vielleicht empfinden Sie auch so und fragen sich, wohin das noch alles führen mag.
Gibt es einen Weg aus dieser ernst zu nehmenden Situation?
Eine zuverlässige und zufriedenstellende Antwort werden Sie nur in Gottes heiligem Wort, der Bibel, finden: - So hat Jesus Christus bereits vor 2000 Jahren den krisenreichen Ausgang der bestehenden Weltordnung vorausgesagt und auf Gottes himmlische Königreichsvorkehrung als das Allheilmittel für die Menschheit und den Planeten Erde hingewiesen.
Inwiefern vermag Gott Vater durch sein Königreich helfend und heiligend in das Weltgeschehen einzugreifen? Ja – was ist Gottes Königreich und was wird es bewirken?
All das vermittelt das nächste Kapitel.

4. Das Königreich Gottes

Das Königreich Gottes[8] ist eine von Gott kommende Regierung, die schon bald zum ewigen Wohl und Nutzen über die Menschheit eingesetzt werden wird.

Alle Regierungsmitglieder[9] sind auf der Erde durch eine geistige Salbung von Gott persönlich auserwählt worden; sie tragen seine Gesetze in ihren Herzen und haben den innigen Wunsch, seinen Willen zu tun (Hebräer 8:10).

Gemäß den Worten in Offenbarung 21, Vers 5: „Siehe! Ich mache alle Dinge neu", bilden sie nach ihrem Heimgang zum Vater eine himmlische Gruppe von Herrschern, eine vollständig neue Einrichtung, eine neue Schöpfung – sein himmlisches Königreich. Sie leben dann auf geistiger Ebene und sind „Teilhaber der göttlichen Natur" (2. Petrus 1:4; 2. Korinther 5:17). Der himmlischen Königreichsregierung Gottes gehören Christus und 144 000 auserwählte Glieder der Menschheit an; sie werden als „neue Himmel" amtieren (2. Petrus 3:13; Offenbarung 14:1, 4-5; 20:6). Es wird die beste und höchste Regierungsform sein, die Gott der Menschheit geben kann. Durch sie wird Gottes ursprünglicher Vorsatz mit der Erde und den Menschen verwirklicht werden.

Mittels dieser Regierung wird Gott Vater seine neue Weltordnung auf der Erde herbeiführen. Im Einklang mit den obigen Worten aus Offenbarung Kapitel 21 werden bestehende kapitalistisch geprägte Ordnungen also nicht reformiert, sondern nachdem sie in naher Zukunft ausgedient haben, durch

---

8 s. Quellenverzeichnis: „Du kannst für immer im Paradies auf Erden leben", Seite 112-116, 134-137

9 Siehe: „Du kannst für immer im Paradies auf Erden leben", Kapitel 14

eine von Gott kommende neue Werteordnung ersetzt. In dieser Werteordnung stehen Gottes Schöpfung und die Wahrung unserer Lebensgrundlagen im Zentrum des Geschehens. Bei allen Entscheidungen wird es primär darum gehen, der Schöpfung zu dienen, Gerechtigkeit zu wirken und Frieden zu stiften – gemäß Psalm 145, Vers 16: „Du öffnest deine Hand und sättigst das Begehren alles Lebenden". Alle, insbesondere aber Grundsatzentscheidungen der messianischen Weltregierung, entsprechen den Grundsätzen der Heiligen Schrift, insbesondere dem "Gesetz des Christus", seinen Lebensleitlinien der Nächstenliebe und Vergebung.

In dieser Werteordnung des Lebens kann sich der Geist des Grundgesetzes (§ 1; die Würde des Menschen ist unantastbar) in vollem Umfang entfalten.

So wird Gottes Königreich in absehbarer Zeit gegenwärtige Regierungen und Königreiche der Welt ablösen und selbst für immer bestehen bleiben (Daniel 2:44).

Gemäß den obigen prophetischen Worten: „Siehe! Ich mache alle Dinge neu", wird Gott Vater sein Königreich über eine „neue Erde", eine gewandelte Gesellschaft einsetzen (Offenbarung 21:1, 2, 5). Damit ist die von ihrer Gottesferne erlöste, Gott zugewandte Menschheit gemeint, die er im nahenden Erlösungsgeschehen „ins Dasein" bringen wird.

Die Menschheit wird seine Rettungsvorkehrung im Schlussteil der bestehenden Weltordnung aus eigenem Antrieb und eigener Überzeugung heraus ergreifen und weitestgehend geeint sein. Das bestätigen die Worte des Propheten Jesaja in Kapitel 2, Verse 2-3. Realisiert man, in welch einem denkwürdigen Ausmaß die Grundfesten der Schöpfung Gottes bereits heute wanken, ist nur allzu verständlich, warum Menschen ihre Hoffnung auf die messianische Königreichsführung setzen werden.

Das messianische Königreich ist mit einem Großteil der himmlischen Königreicherben bereits im Himmel aufgerichtet worden und wird in naher Zukunft seinen heiligenden Einfluss auf die Erde ausdehnen (Offenbarung 21:3-4). Wie geschieht das?

Der Überrest geistgesalbter Personen (einige Tausend), der heute noch auf der Erde lebt, begleitet die Menschheit durch das nahende Abschluss- und Erlösungsgeschehen in Gottes neue Weltordnung. Er sorgt dafür, dass sich das krisenreiche endzeitliche Geschehen in ein Erlösungs- und Heilsgeschehen für die Menschheit wandeln kann. Er leistet sozusagen Geburtshilfe, um der geistigen Führung Gottes in den Herzen der Menschen zum Durchbruch zu verhelfen. Wenn die Menschheit den geistigen, göttlichen Anschluss errungen hat, wird Gott Vater seine Königreichsregierung segnend über die Erde einsetzen.

Unter der weltumspannenden Königreichsführung wird Gottes Heiliger Geist wirksam sein und all das Gute, wonach sich die Menschen seit „Grundlegung der Welt" sehnen, Wirklichkeit werden - Gerechtigkeit, Frieden und Wohlfahrt erdenweit:

So wird die Königreichsregierung Gottes in einem Zeitrahmen von 1000 Jahren alles Leid und alle Probleme der Menschheit lösen und den segensreichen Urzustand für die Erde wiederherstellen. Die Menschen werden ein einmütiges, vollkommenes Verhältnis zu Gott Vater erlangen und mit ewigem irdischen Leben auf einer paradiesischen Erde gesegnet. Auch alle Entschlafenen werden durch ihre Auferstehung zu irdischem Leben von den überströmenden Königreichssegnungen profitieren können. Ja – Gottes Königreich wird für beglückende und friedvolle Lebensverhältnisse auf der Erde sorgen (Epheser 1:9-10; 2. Petrus 3:13; Johannes 5:28-29).

Wenn diese Segnungen beginnen zu geschehen, dann erfüllen sich die Bitten des „Vater unser" und es wird deutlich sichtbar und spürbar werden, dass Gottes Wille auf Erden geschieht.

Auf diese in greifbare Nähe gerückte segensreiche Zeit dürfen wir uns von Herzen freuen (Matthäus 6:10; Offenbarung 21:3-4).

Wenn alle Königreichserben mit Christus im Himmel vereint sind, verlagert sich die Königreichsführung vollständig in den Himmel. Der Einfluss des Königreiches auf die Menschheit ist dann ausschließlich geistiger Art. Nur so kann sich die Glaubenskraft und das geistige Potenzial der Menschheit vollständig entfalten und sie grundlegend in Gottes neuzeitliches Schöpfungsgeschehen eingebunden werden. Doch wird es „Fürsten" unter den Menschen geben - glaubensstarke Personen, die den Königreichsnachlass im Sinne der Mitberufenen Christi weiterführen und vorantreiben werden. Sie werden die geistige Verbindung zum himmlischen Königreich aufrechterhalten und die Menschen auf ihrem Königreichsweg unterstützen.

Was für eine begeisternde Zeit doch vor uns liegt!

Kapitel 5

Geistige Gesetzmäßigkeiten

(Vorwort)

Jesus Christus spricht:

„Niemand kann ein Sklave zweier Herren sein;
denn entweder wird er den einen hassen und den anderen lieben,
oder er wird sich zu dem einen halten und den anderen verachten.
Ihr könnt nicht Sklaven Gottes und des Reichtums sein."
(Matthäus 6:24)

Von der Notwendigkeit, sich zu lösen und zu trennen …

denn der gottgeführte Weg kann nur ein ganzherziger Weg sein.
(lt. Matthäus 22:36-37)

5. Geistige Gesetzmäßigkeiten

„Unser Vater im Himmel!

Dein Name werde geheiligt.

Dein Reich komme.

Dein Wille geschehe wie im Himmel,

so auf Erden.

………………….

Und führe uns nicht in Versuchung,

sondern erlöse uns von dem Bösen.

Denn dein ist das Reich und die Kraft

und Herrlichkeit in Ewigkeit. Amen."

(Matthäus 6:9-13, Luther- Übersetzung)

Ehe das Königreich Gottes der Menschheit Linderung und Heilung verschaffen kann, muss sie in einem gewaltigen Kraftakt von dem bestehenden Bezugssystem erlöst werden. Dabei ist das Erlösungsgeschehen auf geistiger Ebene von noch größerer Bedeutung als das buchstäbliche Weichen ausgedienter Ordnungen. Die Offenbarung geht in mehreren Kapiteln ausführlich auf das geistige Loslöse- und Trennungsgeschehen der Menschheit ein (Offenbarung Kap. 8-9, 16).

In dieser Zeit der Loslösung und Neuordnung wird der vortreffliche Herzensboden für Gottes neue Weltordnung bereitet, wovon Jesus Christus in Lukas Kapitel 8, Verse 4-15 spricht. Ja – in dieser Zeit stellen sich die Menschen herzensmäßig auf Gottes Königreich ein und entwickeln die geistige Reife für den Empfang künftiger Königreichssegnungen.

Um das Erlösungsgeschehen verstehen zu können ist es notwendig, das Leben mit dem geistigen Auge zu betrachten; hinter der materiellen, physischen Welt, geistige Wirklichkeiten zu erkennen – zu realisieren – dass wir von geistigen Mächten und Kräften umgeben sind, unsichtbaren energetischen Strömen, die uns beleben, aber auch niederdrücken und belasten können.

Wir stehen in einem ständigen energetischen Austausch mit Menschen und Systemordnungen. Menschen sind auf Dauerempfang eingestellt, um geistig-emotionale Botschaften und Energien aufzunehmen. Diese energetischen Ströme nehmen wir mit jedem Gedanken, jeder Bewegung, jedem Atemzug unwillkürlich in uns auf. Unentwegt laufen geistige Prozesse ab, die Lebensenergien zuführen oder entziehen. Das geschieht dermaßen unvermittelt und schnell, dass es oft nicht bewusst wahrgenommen wird. Dass tatsächlich unentwegt Lebensenergie fließt und auch benötigt wird, wird deutlich, wenn Energien gegen uns aufgebaut werden und unser Leben belasten, zum Beispiel bei Ausgrenzung und Mobbing.

Jesus Christus anerkannte die Wirksamkeit geistiger Kräfte als er sagte: „Der Mensch lebt nicht von Brot allein, sondern von einem jeden Wort, das aus dem Mund Gottes geht" (Matthäus 4:4, Luther- Übersetzung). Er verdeutlichte damit, dass er durch sein vertrautes, inniges Verhältnis zu seinem himmlischen Vater – Gottes Heiligen Geist – belebt wurde. In der Bergpredigt lehrte Jesus diesbezüglich: „Glücklich sind die, die sich ihrer geistigen Bedürfnisse bewusst sind, da das Königreich der Himmel ihnen gehört" (Matthäus 5:3). Sich seiner geistigen Bedürfnisse bewusst zu sein bedeutet, zu wissen, dass man der Führung und Leitung Gottes bedarf – und seiner Nähe, Weisheit und Liebe nachspürt. Das vermochte Jesus Christus, der Sohn Gottes, auf vollkommene Weise, weswegen er unter dem Geist und Segen seines Vaters stand.

Allerdings lehrte Jesus auch, dass es neben der geistigen göttlichen Kraftquelle das energetisch gegnerische Bezugssystem des Widersachers gibt, dem die Menschheit seit der „Gotttrennung" angeschlossen ist. Es vermittelt einen Geist der Unabhängigkeit und des Konkurrenzdenkens, der heute überall auf der Welt zu erkennen ist. Außerhalb des geistigen Einflussbereiches Gottes, abgeschnitten von seiner Weisheit und Allmacht, unterliegen selbst mächtige Geistgeschöpfe den der Menschheit anhaftenden Führungskrisen, Ängsten und Nöten. Somit befindet sich die Menschheit auf einer geistigen Kommunikationsebene mit den abgefallenen Engeln Gottes und ist ihren dualen energetischen Strömen ausgesetzt - mal positiven erbauenden, mal negativen belastenden.

So mancher Leser mag nun unglaubwürdig oder entsetzt die Stirn runzeln bei dem Gedanken, unter einer gottfernen Macht zu stehen. Dennoch bestätigt der Apostel Johannes mit seinen inspirierten Worten in 1. Johannes Kapitel 5, Vers 19, das die ganze Welt unter dem Einfluss dessen steht, der böse ist. Dabei ist der Ausdruck „böse" nicht in absolutem Sinn zu verstehen. Denn wenn der Widersacher Gottes die personifizierte Bösartigkeit wäre, hätte Gott ihm nicht für eine begrenzte Zeitspanne die Führung des gesamten Universums überlassen können. Er wird als böse bezeichnet, weil er seinem himmlischen Vater aus selbstsüchtigen Beweggründen die Führung abgerungen hat und damit die ganze Schöpfung in große Krisen gestürzt hat. Das ihm tatsächlich alle Königreiche der Welt gehören, geht aus den Versen in Matthäus Kapitel 4, Verse 8-10 hervor, wo er Jesus alle Königreiche der Welt und ihre Herrlichkeit anbot, um ihm einen Akt der Anbetung abzuringen. Tatsächlich sind alle Menschen ab Geburt einem Geist und einer Werteordnung angeschlossen, die sich außerhalb der göttlichen Ordnung bewegt. Die Zugehörigkeit und Akzeptanz, die in diesem Bezugssystem erworben wird, kompensiert mehr oder weniger gut die mangelnde Nähe zu Gott Vater. Das geistige Vakuum verliert sich, je besser wir uns in bestehende Ordnungen integrieren und Anerkennung und Bestätigung daraus erfahren. So werden wir Nutznießer eines geistigen Bezugssystems, dessen Quell beim „Gott dieses Systems der Dinge" entspringt. Positive Lebensenergie fließt, sofern sich Menschen in die bestehende Werteordnung einfügen und ihre Zugehörigkeit ständig neu erarbeiten und unter Beweis stellen. Die Lebensenergie, die wir durch unsere aktive Systemzugehörigkeit erfahren, ist also an Bedingungen geknüpft und hat einen erdgebundenen Bezug: Geht von Fähigkeiten und Kenntnissen aus, die wir besitzen und einbringen; von Menschen, die uns schätzen und lieben; von materiellen Dingen und Annehmlichkeiten, die wir uns leisten können. Diese erdgebundenen Energien sind kurzlebig und flüchtig und vermögen nicht annähernd das zu bewirken, was durch Gottes Leben gebenden Geist an Segnungen und Heiligungen bewirkt werden kann.

Dennoch schmeicheln und streicheln diese Energien wohltuend unsere Seele und binden uns geistig-emotional an bestehende Werteordnungen; sie prägen unseren Glauben an die Richtigkeit ihres Daseins. Somit sind Menschen nicht nur buchstäblicher, sondern auch geistiger Teil der bestehenden Weltordnung und abhängig von der Kraft, die es sendet.

Zum Ende seines irdischen Dienstes sagte Jesus seinen Jüngern diesbezüglich: „Ihr seid kein Teil der Welt, sowie ich kein Teil der Welt bin. Wenn ihr ein Teil der Welt wäret, so wäre der Welt das Ihrige lieb. Weil ihr nun kein Teil der Welt seid, sondern ich euch aus der Welt auserwählt habe, deswegen hasst euch die Welt" (Johannes 17:16; 15:19).

Als Jesus das Bundesvolk Gottes „besichtigte", um nach würdigen Königreichserben Ausschau zu halten, auserwählte er Personen, die sich herzensmäßig von dem damaligen Bezugssystem des Gesetzesbundes gelöst hatten und seine verheißene neue Königreichsordnung ernstlich erwarteten.

Auch im neuzeitlichen Einsammlungswerk des vorigen Jahrhunderts selektierte er aufrichtige, demütige Personen, die von weltlichen Bestrebungen losgelöst waren und dem „Geist der Welt" nicht mehr anhingen. Alle selektierten Personen waren also bereits von ausgedienten geistigen Bindungen gelöst, als Christus sie für seine Königreichsinteressen einsetzte.

So wird er auch Gottes neue Königreichsordnung erst einsetzen, wenn sich die Menschheit hinreichend von „alten" Werteordnungen gelöst hat:

Ein weltweites Loslösegeschehen steht der Menschheit nun unmittelbar bevor. Das dafür notwendige Loslösepotenzial wird sich im krisenreichen Schlussteil der bestehenden Weltordnung entfalten; dann werden sich ausgediente Werteordnungen in schmerzlicher Weise von uns verabschieden. Wohltuende erdgebundene Energien gehen dann auf Konfrontationskurs und verwandeln sich in reißende Ströme mit massivem geistigen Loslösepotenzial (Offenbarung Kapitel 8, 9, 16). Endzeitliche Energien (geistige Loslösekräfte) lösen Menschen von Zugehörigkeitsgefühlen ausgedienter Werteordnungen und machen den Weg frei für die Gottführung in uns.

Eine vollständige Loslösung vom bestehenden Bezugssystem ist notwendig, um Menschen zu sensibilisieren und zu öffnen für die Werteordnung Gottes und seine energetische Gegenwart. Der geistige Herrschaftswechsel, der sich in den Herzen der Menschen vollziehen muss, wird in der Heiligen Schrift sinnbildlich mit einem beschwerlichen Geburtsgeschehen verglichen, das der Gegenwart Gottes in uns zum Durchbruch verhelfen will (Matthäus 24:6, 8; Johannes 16:19-22; Galater 4:19).

Auch Jesus Christus machte mit sinnbildlichen Veranschaulichungen deutlich, dass „altes" nicht mit „neuem" kombiniert werden sollte (Lukas 5:36-39; Matthäus 9:16-17; Markus 2:21-22): Der Flicken aus neuem Tuch und der junge Wein stellen sinnbildlich Gottes Heiligen Geist dar, der nur in Verbindung mit neuwertigem Stoff und neuen Weinschläuchen – einer erlösten,

Gott zugewandten Menschheit - seine heiligende Bestimmung erfüllen kann.

So wird Gottes neue Königreichsordnung erst kommen, wenn die Menschheit spirituell „reif" ist, mit ihm den Königreichsweg zu gehen.

So sicher wie Mutterglück und Vaterfreuden der Geburt eines Kindes folgen, so sicher sind den Menschen mit einem geistigen Wiedergeburtserleben endlose Segnungen unter der nahenden messianischen Königreichsordnung.

Der Apostel Paulus spricht:

„Ich meinerseits bin durch das Gesetz dem Gesetz gegenüber gestorben,

damit ich Gott gegenüber lebendig werde.

Ich bin mit Christus an den Pfahl gebracht worden.

Nicht mehr ich bin es, der lebt,

sondern Christus ist es, der in Gemeinschaft mit mir lebt."

(Galater 2:19-20)

Kapitel 6

Auf dem Weg zum geistigen Wiedergeburtserleben

(Vorwort)

Johannes 3:1-8

Nun war da ein Mensch von den Pharisäern, Nikodemus war sein Name, ein Vorsteher der Juden. Dieser kam in der Nacht zu Jesus und sagte zu ihm: „Rabbi, wir wissen, dass du als Lehrer von Gott gekommen bist; denn niemand kann diese Zeichen tun, die du tust, es sei denn, Gott ist mit ihm."

Als Antwort sagte Jesus zu ihm: „Wahrlich, wahrlich, ich sage dir: Wenn jemand nicht wiedergeboren wird, kann er das Königreich Gottes nicht sehen…"

Nikodemus sagte zu Ihm: „Wie kann ein Mensch geboren werden, wenn er alt ist? Er kann doch nicht ein zweites Mal in den Schoß seiner Mutter eingehen und geboren werden?"

Jesus antwortete: „Wahrlich, wahrlich, ich sage dir: Wenn jemand nicht aus Wasser und Geist geboren wird, kann er nicht in das Königreich Gottes eingehen. Was aus dem Fleisch geboren worden ist, ist Fleisch, und was aus dem Geist geboren worden ist, ist Geist. Wundere dich nicht, dass ich zu dir sagte: Ihr müsst wiedergeboren werden. Der Wind weht, wo er will, und du hörst sein Geräusch, aber du weißt nicht, woher er kommt und wohin er geht. So ist jeder, der aus dem Geist geboren worden ist."

6.   Auf dem Weg zum geistigen Wiedergeburtserleben

„…meine lieben Kindlein, mit denen ich wiederum Geburtsschmerzen habe, bis Christus in euch Gestalt gewinnt" (Apostel Paulus in Galater 4:19).

Auf dem Weg zum geistigen Wiedergeburtserleben muss die Menschheit den krisenreichen Schlussteil der bestehenden Weltordnung passieren. In diesem Zeitabschnitt wird mit der Umkehrung und Neuausrichtung der Menschheit die Glaubensgrundlage gebildet für das gesamte Heil- und Wiederherstellungsgeschehen in Gottes neuer Weltordnung.

Dass das Erlösungsgeschehen der Menschheit planvoll und strukturiert verläuft, durfte ich erkennen, als ich mein Erlösungsgeschehen und das meiner Schwester analysierte.

Hier kurz das Wesentliche:

Ich geriet im Alter von 20 Jahren, sehr bald nach meiner Ausbildung zum Druckvorlagenhersteller, in den Strudel des geistigen Loslösegeschehens. In der Zeit von 1980 – 1982 erlebte ich die intensive Phase der Loslösung, der eine zweijährige Zeit der Erholung, Neuorientierung und Suche folgte (Arbeitslosigkeit). Meine aufrichtige Suche nach alternativen Lebenswegen und einer grundlegenden Neuausrichtung der Menschheit führte mich schließlich zur erlösenden, biblisch fundierten Königreichsbotschaft, die ein phänomenales geistiges Wiedergeburtserleben in mir bewirkte: Ich fühlte mich durch die Königreichshoffnung in überströmender Weise von Gott geliebt und erlebte eine Leichtigkeit und Freude wie nie zuvor in meinem Leben. Die inspirierten Worte, insbesondere des Neuen Testamentes, entsprachen in einer erstaunlichen und faszinierenden Weise meiner Erlebens- und Gefühlswelt.

Um dem heiligen Geheimnis dieses wunderbaren Neuerlebensgefühls näher zu kommen, analysierte ich den Ablauf des Geschehens. Schließlich erkannte ich in dem Erlösungsgeschehen einen göttlichen Heilsplan mit drei aufeinanderfolgenden elementaren Erlebensphasen bzw. Zeitabschnitten: die

-   Loslöse- und Trennungsphase
-   Rehabilitations- und Sehnsuchtsphase
-   Neuerlebensphase – Erlösung

Auf dem Weg zum „geistigen Wiedergeburtserleben", dem Hervorbringen bzw. Wiederbeleben der Gottesbeziehung, durchlaufen alle Menschen diese drei elementaren Erlebensphasen. Jede Phase ist gleichermaßen wichtig und hat eine besondere Bedeutung.

Um die Neuerlebensphase erreichen zu können, ist es vor allem in der Loslöse- und Trennungsphase entscheidend, Durchhaltevermögen aufzubringen; den schmerzlichen Regelungsprozess in dem festen Glauben und Vertrauen durchzustehen, dass daraus etwas Wunderbares gebiert. Die heftigen Loslösewehen sind nur von relativ kurzer Dauer und entfalten im Nachhinein eine positive Wirkung – wenn der Gut(Gott)glaube beibehalten wird.

Die Rehabilitationsphase ist eine Zeit der Erholung, Neuorientierung und Suche:

Weniger heftige Loslösereize bestimmen diese Phase und regen in konstruktiver Weise an, nach einer neuen geistigen Heimat Ausschau zu halten. Es werden gedanklich Wünsche und Werte visualisiert, die für das eigene Leben von elementarer Bedeutung sind: Zum Beispiel die Wiedererlangung der Gesundheit, die Gemeinschaft mit einem verstorbenen Angehörigen, gute Lebens- und Arbeitsbedingungen, friedliche und gerechte Lebensverhältnisse, eine intakte Umwelt etc. Mit diesen edlen Gedanken und Wünschen ziehen Menschen die „neue Persönlichkeit" an und nahen sich herzensmäßig der messianischen Königreichsordnung, in der tatsächlich jeder Herzenswunsch erfüllt werden wird (Epheser 4:23-24). Kraft sehnsüchtiger Gedanken entwickeln sie sich zu einem geistigen Teil der neuen Weltordnung, obwohl diese noch nicht ins Dasein gekommen ist; Kraft sehnsüchtiger Gedanken wachsen auch der Glaube und die spirituelle Wahrnehmung für das geistige göttliche Bezugssystem.

Ist die spirituelle Reife für die Gottführung errungen, setzt sich der messianische Einfluss durch und vermittelt den Menschen die Bestätigung bzw. Erfüllung ihres Herzenswunsches durch berufene Vertreter Gottes. Der Himmel sorgt dafür, dass entsprechende Führungen und Begegnungen zur rechten Zeit geschehen, sofern danach gesucht wird. So empfangen Menschen Kraft des **wirksamen** Wortes Gottes ein einzigartiges Erlösungs- und Heilsgeschehen, das sie herzensmäßig für immer mit Gott Vater verbindet. Sie erleben am eigenen Körper die heiligende Kraft der **wirksamen** Liebe Gottes und werden in ein unbeschreiblich schönes Glücksgefühl erhoben (1.Johannes 5:1). Durch dieses phänomenale Wiedergeburtserleben wird das Leben gebende geistige Verhältnis zu Gott Vater wiederbelebt, das Adam und Eva zu Beginn der Menschheitsgeschichte auf tragische Weise verloren. Es ist Grundlage für ein fortschreitendes Heilsgeschehen, das in der „Wiedererschaffung aller ursprünglichen Dinge" gipfelt (Matthäus Kap. 19:28).

Unzählige „Regelungen" wird die Menschheit auf diesem Weg noch zu bestehen haben, ähnlich der ersten Großen – dem Erlösungsgeschehen. Doch keine ist so bedeutend, so bewegend, so fordernd und beglückend zugleich, wie eben diese erste große Regelung, durch die das einmütige Verhältnis zu Gott Vater begründet wird.

Hinsichtlich des Wiedergeburtserlebens ist zu bemerken:

Für die berufene „kleine Menschheitsgruppe" hat das Wiedergeburtserleben eine besonders tiefgehende geistige Dimension.

Für sie wird nicht nur das einmütige Verhältnis zu Gott Vater wiedergeboren, sondern – sie werden Kraft des Heiligen Geistes Gottes als seine „geistigen Söhne gezeugt",[10] als Adoptivkinder „aus Gott geboren" und als „neue Schöpfung" bezeichnet. Sie erfahren eine wirkliche „neue Geburt" (lt. Luther-Übersetzung), „geistige Geburt" bzw. „Wiedergeburt" gemäß der Neue Welt-Übersetzung, die eine Teilhaberschaft an der himmlischen Natur und der Königreichsregierung Gottes begründet. Ihr Thron und ihr Zepter ist in den Himmeln aufbehalten für sie (Johannes 3:3-7; 2. Korinther 5:17; 1. Petrus 1:3). Wenn sie ihren irdischen Lauf beendet haben, dienen sie mit Christus in der himmlischen Königreichsregierung Gottes.

Jesus Christus spricht:
„Wenn jemand nicht aus Wasser und Geist geboren wird,
kann er nicht in das Königreich Gottes eingehen".
(Johannes 3:5)

---

10 Ausführliche Erläuterung dazu: Siehe Wachtturmausgabe v. 15.02.1998, Seite 12-17

Kapitel 7

Die zwei Erlösungswege

(Vorwort)

Jesus Christus spricht:

„Ich bin der vortreffliche Hirte, und ich kenne meine Schafe,
und meine Schafe kennen mich,
so, wie der Vater mich kennt und ich den Vater kenne;
und ich gebe meine Seele zugunsten der Schafe hin.

Und ich habe **andere** Schafe, die nicht aus dieser Hürde sind;
auch diese muss ich bringen,
und sie werden auf meine Stimme hören,
und sie werden **eine** Herde werden unter **einem** Hirten."

(Johannes 10:14-16)

7. Die zwei Erlösungswege

„Geht hinein (*in das Königreich) durch die enge Pforte.

Denn die Pforte ist weit und der Weg ist breit, der zur Verdammnis führt,

und viele sind`s, die auf ihm (*in das Königreich) hineingehen.

Wie eng ist die Pforte und wie schmal der Weg, der zum Leben führt,

und wenige sind`s, die ihn finden."

Matthäus 7:13-14 (Luther Übersetzung)

Die Aufarbeitung meines Erlösungsgeschehens hat mir auch geholfen, das globale Erlösungs- und Heilsvorhaben des Schöpfers mit der Menschheit zu verstehen. Insbesondere die Auslegung der Offenbarung ist mir so möglich geworden, die den krisenreichen Übergang von der alten in Gottes neue Weltordnung beschreibt.

Mein Verständnis vom nahenden globalen Erlösungsgeschehen vervollstän-digte sich, als ich das Erlösungsgeschehen meiner Zwillingsschwester miterlebte und aufarbeitete, das sich einige Jahre nach meinem zutrug:

Auch ihr Erlösungs- und Heilsgeschehen gründete auf den drei elementaren Erlebensphasen; der Loslöse-, der Rehabilitations- und Neuerlebensphase. Doch waren ihre Erlebensphasen zeitlich und inhaltlich anders strukturiert als meine Erlebensphasen:

So war ihre Loslösephase zwar kürzer, aber um ein Vielfaches intensiver und heftiger als mein Loslösegeschehen. Auch beim Heilsgeschehen gab es Abweichungen: So entfaltete sich ihr Neuerlebensgefühl durch ihren errun-genen Glauben an Gottes Heilkraft und ihre dadurch bewirkte vollständige Gesundung, während es bei mir der Glaube an die frohe Königreichsbot-schaft und die Freude über Gottes gerechte, neue Weltordnung war, welche

das Neuerlebensgefühl zündeten. Bei meiner Schwester waren es also überwiegend Segnungen buchstäblicher, irdischer Natur; bei mir Segnungen
überwiegend geistiger, himmlischer Natur, die das Wiedergeburtserleben
begründeten.

Durch diese Betrachtung durfte ich erkennen, dass die Offenbarung sinnbildlich zwei Erlösungswege aufzeichnet; den der auserwählten „kleinen
Menschheitsgruppe" und den der „allgemeinen Menschheit". Mir wurde deutlich, dass mein Erlösungsgeschehen identisch ist mit dem der „kleinen
Menschheitsgruppe", den Erben himmlischer Königreichsverheißungen; und
das Erlösungsgeschehen meiner Schwester den Erlösungsweg der „allgemeinen Menschheit" widerspiegelt, den Erben irdischer Königreichssegnungen.

Beim Studieren des 12. Kapitels der Offenbarung wurde mir zudem deutlich,
dass sich das geistige Neuordnungsgeschehen hin zur messianischen Königreichsführung nicht nur auf der Erde, sondern auch im Himmel vollzieht –
und von der Reihenfolge her, das erste messianische Geburtsgeschehen ist:
Dem himmlischen Neuordnungsprozess, der im Jahre 1914[11] mit der Inthronisierung Christi begann und mit der Einsammlung der himmlischen Königreichserben aus der Menschheit vermutlich Ende des Jahrhunderts abgeschlossen war, schließt sich das Erlösungsgeschehen der „allgemeinen
Menschheit" an. Es ist das zeitlich letzte messianische Geburtsgeschehen
und steht nun unmittelbar bevor.

Da selbst die himmlische Sphäre von dem geistigen Einfluss des Widersachers Gottes erlöst und gereinigt werden musste, wie viel mehr erst die Erde!

---

11 Siehe: „Du kannst für immer im Paradies auf Erden leben", Seite 138-141

Es ist nicht möglich, sich auf rein verstandesmäßiger Ebene von dem geistigen Bezugssystem des derzeitigen Weltherrschers loszulösen. Der Übergang in das messianische göttliche Bezugssystem setzt immer ein emotional
geprägtes geistiges Geburtsgeschehen voraus.

Jesus Christus anerkannte diese geistigen Gesetzmäßigkeiten, denn er
setzte Gottes Königreich nicht während seines irdischen Dienstes ein, noch
als er im Himmel zu einer übergeordneten Stellung erhöht worden war. Sondern – er unterordnete sich dem Willen seines Vaters und setzte sich zu
seiner Rechten, **fortan wartend**, bis durch Gottes unendlich große Langmut
und Güte, die Augen und die Herzen all derer im Himmel und all derer auf
Erden auf die Rettungsvorkehrung seines Königreiches gerichtet sind (Hebräer Kap. 10:12, Psalm 110:1, Philipper 2:10).

* Von mir zum besseren Verständnis eingefügt

Das Erlösungsgeschehen
nach Gottes weisem Rat
(Vorwort)

„Denn die Schöpfung ist der Nichtigkeit unterworfen worden,
nicht durch ihren eigenen Willen,
sondern durch den, der sie unterworfen hat, aufgrund der Hoffnung,
dass die Schöpfung selbst auch von der Sklaverei des Verderbens
frei gemacht werden wird zur herrlichen Freiheit der Kinder Gottes.
Denn wir wissen, dass die gesamte Schöpfung zusammen
fortgesetzt seufzt und zusammen in Schmerzen liegt bis jetzt."

(Römer 8:20-22)

8.   Das Erlösungsgeschehen – nach Gottes weisem Rat

Offenbarung Kapitel 5-20

8.1 Geistige Loslösung und Neuausrichtung der himmlischen Sphäre

Offenbarung Kapitel 12

Die Offenbarung schildert in sinnbildlichen Szenen die geistige Loslösung vom bestehenden Bezugssystem und den Herrschaftswechsel in die messianische Königreichsführung.

In Kapitel 12[12] der Offenbarung (Verse 1-12) wird die geistige Loslösung und Neuausrichtung der himmlischen Geistgeschöpfe beschrieben, während sich die Verse 13-17 auf das geistige Neuordnungsgeschehen der auserwählten „kleinen Menschheitsgruppe" auf der Erde beziehen. Die beiden Texte weisen viele Parallelstellen auf und sind eng miteinander verwandt. Tatsächlich läuft der geistige Neuordnungsprozess im Himmel fast analog dem der berufenen „kleinen Menschheitsgruppe" ab, weshalb ich zum besseren Verständnis der Deutung oft Bezug nehme auf mein Erlösungsgeschehen, das dem der Berufenen entspricht.

Auch das geistige Neuordnungsgeschehen der himmlischen Sphäre vollzog sich in drei aufeinanderfolgenden Erlebensphasen: der Loslöse- der Rehabilitations- und der Neuerlebensphase, so geschehen **um** das Jahr 1914. Die Loslösephase wird sinnbildlich in den Versen 1-5 dargestellt, die Rehabilitationsphase in den Versen 6-8 und die Neuerlebensphase in den Versen 9-

---

12 Abweichende Auslegung s. Quellenverzeichnis: „Die Offenbarung. Ihr großartiger Höhepunkt ist nahe", Kap. 27

83

12. Während die geistige Neuausrichtung der himmlischen Geistgeschöpfe in allen drei Erlebensphasen wiedergegeben wird, beleuchtet das irdische Geschehen - in Bezug auf die Berufenen Gottes - nur das Ende der Loslöse- und Trennungsphase in den Versen 13, 15-16 und die Rehabilitationsphase im Vers 14.

Das himmlische Loslösegeschehen wird in den Versen 1-5 des 12. Kapitels der Offenbarung wie folgt sinnbildlich geschildert:

In den Versen 1 und 2 wird eine himmlische Frau beschrieben, die von Himmelsgestirnen umgeben ist. Die Frau ist hochschwanger und schreit in ihren Wehen und Kindesnöten. Die Verse 3 und 4 schildern einen feuerfarbenen Drachen mit sieben Köpfen und zehn Hörnern, der mit seinem Schwanz ein Drittel der Sterne des Himmels fortzieht und zur Erde hinabschleudert. Er beabsichtigt, das Neugeborene der himmlischen Frau zu verschlingen.

Wie ist das sinnbildliche Geschehen zu deuten?

Die Frau stellt Gottes Weibes gleiche himmlische Universalorganisation von Geistgeschöpfen dar, die seiner himmlischen Systemordnung dient. Sie steht unter der Führung des derzeitigen Weltherrschers, des Widersachers Gottes, was durch die Diademe und Hörner auf den Köpfen des Drachen symbolisiert wird. Mit seinem aggressiven Führungsstil (Sterne schleudern) greift er in die harmonische Schöpfungsordnung ein und bringt die Grundfesten des Universums ins Wanken: Mit dieser Darstellung zeichnet die Offenbarung den Schlussteil der Loslösephase auf, die durch massive Führungskrisen des Widersachers gekennzeichnet ist. Es entsteht eine Bedrängnis reiche Atmosphäre im himmlischen Systemgeschehen, die die himmlische Frau drängt, sich von dem geistigen Bezugssystem des derzeitigen Weltherrschers zu lösen. Das wird sinnbildlich dargestellt durch den hochschwangeren Zustand der himmlischen Frau und durch ihre schmerz-vollen Geburtswehen. Inwiefern versinnbildlichen Schwangerschaft und Ge-burtswehen ihr Loslösegeschehen?

Insofern sie sich unter dem stetig zunehmenden Druck des himmlischen Systemgeschehens mehr und mehr von dem ausgedienten Bezugssystem des Widersachers löst und das „geistige Bedürfnis" nach der messianischen Königreichsführung entwickelt. Das Kind, das sich in ihrem Leib entwickelt, symbolisiert ihre zunehmende Reife für das messianische Bezugssystem – Gottes himmlische Königreichsregierung unter der Führung Christi und sei-ner 144 000 Mitberufenen. Die nahe bevorstehende Geburt kündigt an, dass der geistige Entwicklungsprozess seinem Ende zugeht. Die Presswehen, die den Geburtsvorgang einleiten, stellen das Trennungsgeschehen der himm-lischen Geistgeschöpfe (der himmlischen Frau) vom ausgedienten geistigen Bezugssystem dar. Unerträglichkeitsschmerz drängt sie, sich vollständig vom Bezugssystem zu lösen – es zu verlassen. Damit ist der geistige Reife-prozess für die messianische Königreichsführung abgeschlossen und die Loslösephase beendet.

Das Kind, das geboren wird, wird in Vers 5 mit den Persönlichkeitsmerkma-len und Königreichsaufgaben Jesu Christi in Verbindung gebracht: „Und sie gebar einen Sohn, einen Männlichen, der alle Nationen mit eisernem Stabe hüten soll."

Das versinnbildlicht, dass sich die „geistige Reife" der himmlischen Frau auf das messianische Königreich bezieht; die innere Bereitschaft und Notwen-digkeit darstellt, unter die messianische Königreichsführung zu gelangen.

Der Vers 5 schließt mit dem Satz: „Und ihr Kind wurde entrückt zu Gott und zu seinem Thron." Was bedeuten diese Sinnbilder?

Mit dem vollständig entwickelten „geistigen Bedürfnis" nach der messiani-schen Königreichsführung ist die himmlische Frau in die geistige Reichweite

Gottes vorgedrungen und für Gott der Zeitpunkt nahe herbeigekommen, seinem Christus Königreichsmacht zu verleihen – ihn als König über die himmlische Sphäre einzusetzen.

Doch noch ist der geistige Neuordnungsprozess der himmlischen Frau nicht abgeschlossen; es gilt noch geistige Hürden zu überwinden:

So bäumt sich der geistige Weltherrscher zum Widerstand auf, um das sich anbahnende messianische Geburtsgeschehen zu verhindern. Er sieht seine himmlische Stellung in Gefahr und versucht, gezielt in den fortschreitenden Prozess der geistigen Neuausrichtung einzugreifen. In den Versen 4 und 15 wird beschrieben, wie er die Frau; die himmlischen Geistgeschöpfe einerseits, die auserwählte „kleine Menschheitsgruppe" andererseits, auf dem Weg in die Ruhephase attackiert. Im Vers 15 heißt es dazu: „Und die Schlange spie aus ihrem Maul Wasser gleich einem Strom hinter dem Weibe her, um sie durch den Strom zu ertränken." Mit diesem Angriff nutzt der Widersacher Gottes die geistig schutzbedürftige Situation „der Frau", der Geistgeschöpfe und Auserwählten, unmittelbar nach der Loslösephase. Sie haben sich zwar losgesagt von seiner geistigen Führung, befinden sich dadurch aber nicht unmittelbar in der sicheren messianischen Königreichsführung. In ihrem anfechtbaren geistigen Schwebezustand sind sie den Anfeindungen des Widersachers noch ausgesetzt.

Der sinnbildliche Wasserstrom aus seinem Maul stellt einen vernichtenden geistigen Strom dar, mit dem er versucht, die Gefühle und Gedanken „der Frau" negativ zu beeinflussen. Mit seiner unguten gedanklichen Sendung verurteilt er sie wegen ihrer Fahnenflucht und spricht ihr die Lebens- und Daseinsberechtigung ab. Doch „der Frau" gelingt es, die ungute geistige Sendung abzuwehren. Der Vers 16 nimmt sinnbildlich Stellung dazu: „Aber die Erde kam dem Weibe zu Hilfe und die Erde öffnete ihren Mund und verschlang den Strom, den der Drache aus seinem Maul gespien hatte."

Inwiefern hilft die Erde (bzw. der Himmel) „der Frau", den vernichtenden gedanklichen Strom des Widersachers abzuwehren und seine Anschuldigungen zu entkräften? Der Apostel Paulus gibt dazu den entsprechenden Hinweis in seinem Brief an die Römer: „Denn wir wissen, dass die gesamte Schöpfung zusammen fortgesetzt seufzt und zusammen in Schmerzen liegt bis jetzt" (Römer 8:22). Ja, der geschundene und leidende Planet Erde (bzw. Himmel) legt Zeugnis darüber ab, dass das gegenwärtige Weltgeschehen nicht im Einklang ist mit der harmonischen Schöpfungsordnung Gottes und widerlegt so das vernichtende Urteil des Weltherrschers über „die himmlische Frau".

Auch für mich war es in der kritischen Phase des Loslöse- und Trennungsgeschehens überlebenswichtig, meine berufliche Krise in der Unzulänglichkeit der bestehenden Systemordnung begründet sehen zu können. Ich blickte gezielt auf die sichtbare und spürbare Unordnung im Weltgeschehen (Waldsterben, Klimawandel, Erderwärmung, atomare Bedrohung etc.), um mich vor Schuldzuweisungen zu schützen, die ich zu diesem Zeitpunkt nicht hätte tragen können.

Der Prozess der geistigen Neuausrichtung setzt sich mit der Rehabilitations- und Sehnsuchtsphase fort:

Der von Ruhe und Erholung geprägte erste Teil dieser Phase wird sinnbildlich in Vers 6 dargestellt: „Und das Weib (himmlische Organisation von Geistgeschöpfen) floh in die Wildnis, wo sie eine von Gott bereitete Stätte hat, damit man sie dort tausendzweihundertsechzig Tage ernähre." Der Parallelvers 14, die auserwählte „kleine Menschheitsgruppe" betreffend, lautet ähnlich: „Aber dem Weibe wurden die zwei Flügel des großen Adlers gegeben, damit sie in die Wildnis an ihre Stätte fliege, dort wird sie für eine Zeit und Zeiten und eine halbe Zeit fern von dem Angesicht der Schlange ernährt."

Der Ruheort des Weibes wird in beiden Versen mit „Wildnis" wiedergegeben. Die Bezeichnung „Wildnis" ist der sinnbildliche Ausdruck für eine Lebenssituation, die losgelöst ist von sonst üblichen Verpflichtungen. Es ist ein Rückzug, eine Absonderung in einen geschützten und behüteten Lebensraum, der ausreichend Distanz schafft, um neue Kraft zu schöpfen, Erlebtes aufzuarbeiten und Orientierung zu finden. Der Vers 6 schildert, dass die himmlischen Geistgeschöpfe in dieser Zeit unter der besonderen Obhut Gottes stehen und geistig ernährt werden.

Ich habe diese geschützte und ungezwungene Lebensatmosphäre während meiner zweijährigen Arbeitslosigkeit vorfinden können. Inwiefern habe ich mich als Designierte der Auserwählten Klasse während dieser Zeit „von dem Angesicht der Schlange ernährt"? Indem ich das Weltgeschehen mit seinen Belastungen für „Mutter Erde" aus sicherer Distanz betrachtete: Die deutliche Verletzung der göttlichen Schöpfungsordnung bestätigte die Richtigkeit meiner Denk- und Erlebensweisen und legitimierte meinen Rückzug aus dem Arbeitsprozess. Das machte mir Mut und gab mir Kraft - ich war sicher, auf dem richtigen Weg zu sein.

Das Zeitmaß der Rehabilitationsphase wird in Vers 14 mit 3,5 Zeiten und in Vers 6 mit 1260 Tagen wiedergegeben. Das entspricht in beiden Versen einem Zeitumfang von gleichermaßen 3,5 Jahren. Auch die Prophezeiung Daniels gibt als Zeitmaß für die drei bedeutenden Zeitabschnitte des globalen geistigen Neuordnungsgeschehens jeweils 3,5 Zeiten bzw. eine entsprechend ähnliche Zahl von Tagen an (Daniel 12:7,11-12). Auch ich kann anhand meines Erlösungsgeschehens das Zeitmaß der biblischen Zeitspannen bestätigen.

Mit dem zweiten Teil der Rehabilitationsphase beginnt der eigentliche Prozess der geistigen Neuausrichtung. Er ist gekennzeichnet durch die sehnsüchtige Suche nach einer neuen geistigen Heimat: So erlebt die himmlische

Frau eine Zeit des „geistigen Fastens", der Sehnsucht und Suche, da sie von der wirksamen Kraft des bestehenden Bezugssystem abgeschnitten ist, aber noch keinen geistigen Zugang zur messianischen Königreichsführung gefunden hat.

Ich erlebte die Zeit des „Fastens", der Sehnsucht und Suche, während meiner Arbeitslosigkeit: Ich befand mich in einem geistigen Schwebezustand, unter dem geistigen Einfluss zweier abwechselnd um mich ringender Kräfte. – Einerseits flößte mir die sichtbare Unordnung im Weltgeschehen weiterhin Unbehagen und Zukunftsangst ein, andererseits beflügelte das die Sehnsucht und Suche nach einer gerechten, neuen Werteordnung, die Gottes Schöpfung ehrt und wahrt.

So dominierten abwechselnd mal die negativen Gedanken und Sorgen, mit denen ich mich dem geistigen Einfluss des derzeitigen Weltherrschers aussetzte; mal die positiven, aufbauenden Gedanken, mit denen ich mich dem geistigen Einfluss des messianischen Bezugssystems nahte und öffnete. Stets aber aktivierten die Negativ-Reize der bestehenden Ordnung, das Gewünschte gedanklich stärker herbeizusehnen, bis die vollständige Glaubenskraft errungen war.

Die Verse 7 und 8 schildern treffend das rivalisierende Ringen Christi und seines Erzfeindes um die geistige Vorherrschaft im Himmel. Dieses rivalisierende Ringen um die himmlische Führung hat Christus mit seinen Engeln bereits erfolgreich abgeschlossen. Bis Dato hat er seinen geistigen Siegeszug auch auf den irdischen Bereich der auserwählten „kleinen Menschheitsgruppe" ausdehnen können und ihre Herzen im Sturm erobert.

Die Zeit des „Fastens", der „Sehnsucht bzw. Reizung", nimmt eine Schlüsselfunktion in dem geistigen Neuordnungsgeschehen ein (Lukas 5:34-38). In dieser Zeit entwickelt sich die geistige Anziehungskraft für die von Gott kommende neue Königreichsordnung. Die vernunftbegabte Schöpfung kommt damit Christus auf seinem geistigen Siegeszug entgegen und bewegt sich herzensmäßig auf die messianische Königreichsführung zu. Wenn sie sich Kraft ihrer Sehnsucht zu einem geistigen Teil der messianischen Ordnung entwickelt und die ureigene neue Persönlichkeit angezogen hat, setzt sich der messianische Einfluss durch und ebnet den Weg für das Erlösungsgeschehen.

Als ich „reif" war für den Königreichsglauben traf ich auf geschulte Königreichsvertreter im Haus zu Haus Dienst, die mir das Ersehnte anhand der biblischen Königreichsbotschaft bestätigten. **Das war der entscheidende Wendepunkt**, wo der messianische Einfluss die Oberhand gewann und zur **messianischen Führung** wurde. Die überwältigende Freude und Erleichterung darüber mit Gottes Willen im Einklang zu sein, führte zum unerschütterlichen Königreichsglauben und erlöste mich von dem geistigen Bann alter Systemgläubigkeit.

Alle Geistgeschöpfe im Himmel und alle Berufenen auf der Erde machen die wunderbare Erfahrung, dass die Königreichsbotschaft zum „rechten Zeitpunkt" empfangen, Erlösungskraft hat. Sie befreit von ausgedienten geistigen Bindungen und ebnet den Weg für die himmlische Königreichsführung und die beglückende Neuerlebensphase.

So hat sich die messianische Königreichsführung glorreich im Himmel durchgesetzt und den geistigen Einfluss des Widersachers Gottes zunichte gemacht. Der Apostel Johannes beschreibt in den Versen 8 und 9 die Reinigung des Himmels von den Umtrieben des Erzfeindes Gottes und seiner geistigen Gefolgschaft: ..." doch gewann er nicht die Oberhand, auch wurde für sie keine Stätte mehr im Himmel gefunden. Und hinabgeschleudert wurde der große Drache – die Urschlange, ... der die ganze Welt irreführt; er wurde zur Erde hinabgeschleudert, und seine Engel wurden mit ihm hinabgeschleudert."

Das geschah im Jahre 1914 u.Z. So wurde in eben diesem Jahr das König-reich der Himmel aufgerichtet und Christus als messianischer König inthro-nisiert. Dieses freudige Ereignis der Neuerlebensphase ist in den Versen 10-12 nachzulesen: „Und ich hörte eine laute Stimme im Himmel sagen:

„Jetzt ist die Rettung und die Macht und das Königreich unseres Gottes und die Gewalt seines Christus herbeigekommen, denn der Ankläger unserer Brüder ist hinabgeschleudert worden, der sie Tag und Nacht vor unserem Gott verklagt! …

Darum seid fröhlich, ihr Himmel und ihr, die ihr darin weilt!" …

Seitdem bilden die auferweckten Geistgesalbten des 1. Jahrhunderts und die zu geistigem Leben verwandelten unserer Zeitepoche, mit Christus die himmlische Königreichsregierung Gottes, die in der himmlischen Sphäre be-reits uneingeschränkt regiert.

Seitdem so die himmlischen Führungsorgane neu geordnet worden sind, hat sich der globale Prozess der geistigen Neuausrichtung vom Himmel auf die Erde verlagert. Der Vers 12 verdeutlicht dies, indem ein „Wehe" über die Erde und das Meer ausgesprochen wird, durch die Verbannung des Wider-sachers in den erdnahen Bereich.

Christus wird seine Königreichsmacht über die Erde ausdehnen, wenn das Erlösungsgeschehen auch hier erfolgreich abgeschlossen ist. Mit dem irdi-schen Neuordnungsgeschehen befassen sich die Kapitel 5-11 und 13-20 der Offenbarung. In sinnbildlichen Visionen wird der Geburtswehen artige Herr-schaftswechsel in die messianisch geführte neue Weltordnung dargestellt.

8.2 Gott überträgt Christus das irdische Erlösungswerk

(Offenbarung Kapitel 5)

„Christus ist ein für alle Mal hinsichtlich Sünden gestorben,

ein Gerechter für Ungerechte,

damit er euch zu Gott führe."

(1. Petrus 3:18)

In dem 5. Kapitel der Offenbarung (Verse 1-5) wird sinnbildlich geschildert, wie Christus in seiner erhöhten himmlischen Stellung (1914 u.Z.) das versiegelte irdische Erlösungsvorhaben seines Vaters übertragen wird. Das wird dargestellt durch die beschriebene und mit sieben Siegeln versiegelte Buchrolle, die er aus der rechten Hand seines himmlischen Vaters erhält. Im Vers 3 heißt es dazu, dass niemand würdig war, die Buchrolle zu öffnen oder in sie hineinzuschauen, außer dem „Löwen vom Stamme Juda, die Wurzel Davids", womit Jesus Christus gemeint ist.

Ja – nur Christus ist in der Lage, das krisenreiche endzeitliche Geschehen in ein Erlösungs- und Heilsgeschehen für die Menschen zu wandeln. Die Grundlage dafür hat er durch seinen opferbereiten irdischen Liebesdienst geschaffen, wodurch zu Pfingsten 33 u.Z. erstmals Erlösung und Vergebung möglich wurde und Menschen in ein heiliges Verhältnis zu Gott Vater gelangten (Offenbarung 5:5, 9-10, Apostelgeschichte 2:1-4).

Durch die Erlösungs- und Wiederherstellungskraft seines heiligen Blutes hat er das irdische Erlösungswerk eingeleitet. Daher ist er auch hinreichend befähigt, es in unserer Zeit in weltweitem Umfang fortzusetzen und erfolgreich zum Abschluss zu bringen. Unterstützt wird er dabei von dem Überrest seiner geistgesalbten irdischen Königreichsvertreter, die er mit seinem heiligen

Blut für den Dienst der Erlösung berufen hat. Sie lassen sich von Christus, ihrem himmlischen König leiten, um den Menschen ein von Gott kommendes Erlösungs- und Heilsgeschehen zu vermitteln.

8.3 Endzeitliches Geschehen am Tag des Herrn – seit 1914 u.Z.

(Offenbarung Kapitel 6)

„Denn also hat Gott die Welt geliebt,

dass er seinen eingeborenen Sohn gab,

damit alle, die an ihn glauben, nicht verloren werden,

sondern ewiges Leben haben.

Denn Gott hat seinen Sohn nicht in die Welt gesandt,

dass er die Welt richte,

sondern das die Welt durch ihn gerettet werde."

Johannes 3:16-17 (Luther- Übersetzung)

In Kapitel 6[13] der Offenbarung wird der Apostel Johannes in die „Gegenwart Jesu", den „Tag des Herrn" versetzt, der mit der himmlischen Inthronisierung Christi im Jahre 1914 u.Z. begann. Mit dem Öffnen der ersten sechs Siegel der Buchrolle, des irdischen Erlösungsvorhabens Gottes, enthüllt eine kombinierte Vision von Ereignissen, unter welchen Weltverhältnissen sich das Erlösungsgeschehen der Menschheit ereignen wird. Er erhält einen Einblick in das krisenreiche endzeitliche Geschehen, ausgehend vom Jahre 1914 bis zum Abschluss der bestehenden Weltordnung, der den Beginn der himmlischen Königreichsherrschaft Christi über die Erde markiert:

Mit dem Öffnen des ersten Siegels sieht Johannes ein weißes Pferd; „und dem, der darauf saß, wurde eine Krone gegeben, und er zog aus, siegend und um seinen Sieg zu vollenden" (Offenbarung 6:1-2).

---

13 In Teilen abweichende Auslegung, siehe: „Die Offenbarung. Ihr großartiger Höhepunkt ist nahe", Kap. 16, 18

Diese sinnbildliche Darstellung deutet auf Christus hin, der im Jahre 1914 u.Z. himmlische Königreichsmacht errang. Johannes sieht Christus in dem historischen Moment, als er zum König über „das Königreich der Himmel" eingesetzt wird. Inwiefern zieht der neu gekrönte König aus, „um seinen Sieg zu vollenden?" Indem er darauf hinwirkt, seine geistige Führung über die Erde auszudehnen. Doch bevor ihm das möglich ist, muss sich das apokalyptische Weltgeschehen, das mit dem Öffnen der übrigen Siegel sichtbar wird, noch ereignen:

Mit dem Öffnen der nächsten drei Siegel sieht Johannes nacheinander drei apokalyptische Pferde mit ihren Reitern ausziehen (Verse 3-8). Die endzeitlichen Reiter symbolisieren in großem Umfang Kriege, Lebensmittelknappheit und Tod, was Jesus Christus als das „kombinierte Zeichen seiner Gegenwart" und den nahenden Abschluss der Weltordnung vorausgesagt hat (Matthäus 24:3, 7-8). Durch das zunehmend krisenreiche Weltgeschehen seit dem Jahr 1914 mit: zwei Weltkriegen und mehr als 64 Millionen Toten, nuklearer Bedrohung, Weltterrorismus, Hungersnöten und unheilbaren Krankheiten wird deutlich, dass die endzeitlichen Reiter unterwegs sind. Zudem zeigen die katastrophalen Auswirkungen der Erderwärmung und die zunehmenden Erdbeben, dass die Grundfesten der göttlichen Schöpfung ins Wanken geraten sind.

Mit dem Öffnen des sechsten Siegels sieht Johannes in ergreifenden Bildern das Ende unserer kommerziellen Weltordnung voraus (Offenbarung 6:12-17). Johannes sieht die „alten Himmel", bestehende Regierungen und Königreiche, wie eine Buchrolle entweichen, die man zusammenrollt und wegstellt. Auch sieht er, „wie jeder Berg und jede Insel von ihren Stellen gerückt werden". Das versinnbildlicht führende politische Organe und bürgernahe, soziale Institutionen, die im Schlussteil der bestehenden Weltordnung keinen Bestand haben werden.

Jesus Christus bestätigt mit seinen Ausführungen über den Abschluss des jüdischen bzw. weltweiten Systems der Dinge, dass sich alte, ausgediente Ordnungen in schmerzlicher Weise von den Menschen verabschieden werden (Matthäus 24:3-8, 11-12). In den Versen 21 und 22 konkretisierte er seine Aussagen und beschreibt das Ende unserer Weltordnung als „große Bedrängnis, wie es seit Anfang der Welt bis jetzt keine gegeben hat, nein, noch wieder geben wird".

Wie ist es dennoch möglich, dass die Menschheit gemäß dem Kapitel 7 der Offenbarung erlöst und geheiligt aus dem krisenreichen Abschlussgeschehen hervorgeht?

Das ist auf Christus Jesus in seiner himmlischen Erlöserfunktion zurückzuführen, der die endzeitliche Symptomatik konstruktiv für das Erlösungs- und Heilsvorhaben Gottes einsetzt, indem er es koordiniert zulässt. Er steuert und dosiert es in der rechten Weise, damit es dem Heilsvorhaben Gottes dienen kann. Den Versen 3-8 können wir entnehmen, dass er über den zeitlichen Ablauf des endzeitlichen Geschehens und das Loslöseklima wacht. So beginnen die apokalyptischen Reiter ihren Ritt über die Erde erst, nachdem Christus es ihnen durch himmlische Cherube signalisiert hat, nachdem er also seine Zustimmung über Zeitpunkt und Umfang der Maßnahmen gegeben hat. Die Reiter agieren in dem Maße, wie es ihnen **gewährt** worden ist. So erhält der Reiter auf dem fahlen Pferd die eingeschränkte Befugnis, seinen todbringenden Ritt auf den vierten Teil der Erde zu beschränken (Verse 7-8).

Die Heilige Schrift geht hier nicht weiter auf das Loslösegeschehen der Menschheit ein – das geschieht mit dem Öffnen des siebten Siegels an späterer Stelle – sondern stellt in dem Kapitel 7 die beiden Menschheitsgruppen vor, die erlöst und geheiligt aus dem Abschlussgeschehen hervorgehen

8.4 Die zwei erlösten Menschheitsgruppen

(Offenbarung Kapitel 7)

„Wie nun durch die Sünde des Einen

die Verdammnis über alle Menschen gekommen ist,

so ist auch durch die Gerechtigkeit des Einen

für alle Menschen die Rechtfertigung gekommen,

die zum Leben führt."

Römer 5:18 (Luther- Übersetzung)

Die erste Vision des 7. Kapitels[14] (Verse 1-8) beleuchtet die auserwählte „kleine Menschheitsgruppe", die das zeitlich erste, bevorrechtigte Erlösungsgeschehen auf der Erde empfängt. Die Personen dieser Gruppe ziehen einen direkten Nutzen aus dem Loskaufs Opfer Jesu Christi, indem sie **Glauben** ausüben an seine frohe Königreichsbotschaft und seine christlichen Maßstäbe – für die er auf der Erde mit seinem Leben bezahlen musste. So erfahren sie das Heil und werden mit Gott versöhnt. Kraft ihres Wiedergeburtserlebens werden sie als geistige Söhne Gottes gezeugt und mit seinem Heiligen Geist für ihr königliches Erbe in den Himmeln versiegelt. Nach ihrem Heimgang bilden sie mit Christus die himmlische Königreichsregierung Gottes.

Alle 144 000 himmlischen Königreichserben sollten nach Gottes ursprünglichem Vorsatz aus den 12 Stämmen der Nation Israel hervorgehen. Doch da die Nation nicht würdig war, die volle Zahl der Erben hervorzubringen, wurde

---

14 Abweichende Auslegung: s. Die Offenbarung. Ihr großartiger Höhepunkt ist nahe, Kap. 19-20

das Vorrecht auf würdige Personen aus allen Nationen ausgedehnt. Das von Christus geführte Einsammlungswerk seiner himmlischen Mitregenten begann zu Pfingsten [15]33 u.Z. und ist zum gegenwärtigen Zeitpunkt vermutlich abgeschlossen.

Gemäß den Versen 1-3 geschieht die Versiegelung der 144 000 Königreichserben während „die vier Engel an den vier Ecken der Erde die vier Winde der Erde festhalten". Die vier Winde der Erde sind ein Sinnbild für den heftigen Endzeitsturm, die „große Drangsal" auch „Armageddon" genannt. Die Versiegelung der „kleinen Menschheitsgruppe" **vor** dem krisenreichen Abschlussgeschehen deutet auf ein gemäßigtes Loslöseklima hin. Wie aus Kapitel 8 der Offenbarung hervorgeht, ertragen bzw. benötigen Personen dieser Klasse nur „ein Drittel" der endzeitlichen „Wehen" für ihr Loslösegeschehen.

Der zweite Teil des 7. Kapitels (Verse 9-17) nimmt Bezug auf die „große Volksmenge", die allgemeine Menschheit, deren globales Loslösegeschehen sich im nahenden **Schlussteil** der bestehenden Systemordnung ereignet. Im Vers 14 wird über sie gesagt: „Das sind die, **die aus der großen Drangsal kommen**, und sie haben ihre langen Gewänder gewaschen und sie in dem Blut des Lammes weiß gemacht" … Und sie rufen fortwährend mit lauter Stimme: „Die Rettung verdanken wir unserem Gott, der auf dem Throne sitzt und dem Lamme" (Vers 10). Wie sind diese sinnbildlichen Worte zu verstehen?

Die sinnbildliche Beschreibung der „allgemeinen Menschheit", die in der „großen Bedrängnis" ihre langen Gewänder reinwäscht, deutet auf ein heftiges Loslösegeschehen in einem rauen endzeitlichen Loslöseklima hin (Of-

---

fenbarung 16; 14:17-20). Die Menschheit erringt damit die **Glaubensgrund-**
lage für ein von Gott kommendes weltweites Heil- u. Wiederherstellungsgeschehen, welches durch seine geistgesalbten Vertreter, an Christi statt, vermittelt wird.

Die Verse 15-17 sichern der Menschheit endlose Segnungen unter der messianischen Königreichsführung zu: „ … und der, der auf dem Throne sitzt,
wird sein Zelt über sie ausbreiten. Sie werden nicht mehr hungern und auch
nicht mehr dürsten (in vorrangig geistiger Hinsicht), noch wird die Sonne auf
sie niederbrennen, noch irgendeine sengende Hitze, weil das Lamm, das
inmitten des Thrones ist, sie hüten und sie zu Wasserquellen des Lebens
leiten wird. Und Gott wird jede Träne von ihren Augen abwischen."

Mit dem Öffnen der ersten 6 Siegel der Buchrolle haben wir einen Einblick in
das Erlösungsvorhaben Gottes erhalten, wie es sich seit dem Jahre 1914
u.Z. unter den unruhevollen Verhältnissen „der Zeit des Endes" entwickelt
hat und noch entwickeln wird.

Mit dem Öffnen des 7. Siegels öffnet sich die ganze Buchrolle und der Inhalt,
der von beiden Seiten beschriebenen Rolle wird sichtbar, wodurch sich
Christus das detaillierte Erlösungsvorhaben Gottes auftut (Offenbarung Kapitel 8:1-2).

*An dieser Stelle gehe ich nicht detaillierter auf das Loslösegeschehen der
beiden Menschheitsgruppen ein, da die Königreichssegnungen im Vordergrund der weiteren Buchbetrachtung stehen sollen.

8.5 Geistige Loslösung und Neuausrichtung der irdischen Sphäre

8.5.1   „   der auserwählten „kleinen Menschheitsgruppe"

(Offenbarung Kapitel 8-9)

Danach sah ich vier Engel an den vier Ecken der Erde stehen und
die vier Winde der Erde festhalten, damit kein Wind über die Erde wehe
oder über das Meer oder über irgendeinen Baum.
Und ich sah einen anderen Engel vom Sonnenaufgang heraufkommen,
der ein Siegel des lebendigen Gottes hatte; und er rief mit lauter Stimme
den vier Engeln zu, denen gewährt war, die Erde und das Meer zu
beschädigen, und sagte: „Beschädigt nicht die Erde noch das Meer,
noch die Bäume, bis wir die Sklaven unseres Gottes an ihrer Stirn
versiegelt haben."
(Offenbarung 7:1-3)

Auf die endzeitliche Symptomatik und das sinnbildlich dargestellte Loslöse-
und Trennungsgeschehen der „kleinen Menschheitsgruppe" in Kapitel 8, 9
und 14 der Offenbarung wird ausführlich eingegangen in meinem Buch:
Erlöse uns von dem Bösen, BoD Verlag.

8.5.2 „ der „allgemeinen Menschheit"

Geistige Umkehrung und Neuausrichtung der „Allgemeinen Menschheit"
(Offenbarung Kapitel 16, Kapitel 14: 9-11, 13, 17-20)

Nach diesen Dingen sah ich, und siehe! Eine große Volksmenge,
die kein Mensch zu zählen vermochte, aus allen Nationen und Stämmen
und Völkern und Zungen stand vor dem Thron und vor dem Lamm, in
weiße lange Gewänder gehüllt, und Palmzweige waren in ihren Händen.
Und einer von den Ältesten (im Himmel) ergriff das Wort und sprach zu
mir (Johannes): „Wer sind diese, die in die weißen langen Gewänder
gehüllt sind, und woher sind sie gekommen?" ... Und er sprach zu mir:
„Das sind die, die aus der großen Drangsal kommen, und sie haben ihre
langen Gewänder gewaschen und sie in dem Blut des Lammes weiß
gemacht. Darum sind sie vor dem Thron Gottes; und Tag und Nacht
bringen sie ihm in seinem Tempel heiligen Dienst dar; und der, der auf
dem Throne sitzt, wird sein Zelt über sie ausbreiten."
(Offenbarung 7:9, 13-15)

Auf die endzeitliche Symptomatik und das sinnbildlich dargestellte Loslöse-
und Trennungsgeschehen der „allgemeinen Menschheit" in Kapitel 14 und
16 der Offenbarung wird ausführlich eingegangen in meinem Buch:

Erlöse uns von dem Bösen, BoD Verlag

8.5.3. Rehabilitationsphase der „allgemeinen Menschheit"

Erholung – Sehnsucht – Suche

„Kommt her zu mir, alle, die ihr mühselig und beladen seid;
ich will euch erquicken.
Nehmt auf euch mein Joch und lernt von mir;
denn ich bin sanftmütig und von Herzen demütig;
so werdet ihr Ruhe finden für eure Seelen.
Denn mein Joch ist sanft, und meine Last ist leicht."
(Matthäus 11:28-30, Luther Übersetzung)

„Bittet fortwährend, und es wird euch gegeben werden;
sucht unablässig, und ihr werdet finden;
klopft immer wieder an, und es wird euch aufgetan werden.
Denn jeder, der bittet, empfängt,
und jeder, der sucht, findet,
und jedem, der anklopft, wird aufgetan werden."
(Matthäus 7:7-8)

Denn die sehnsüchtige Erwartung der Schöpfung harrt auf die Offenbarung
der Söhne Gottes (Römer 8:19)

Das turbulente Ende der bestehenden Weltordnung und das damit verbundene heftige Loslösegeschehen der „allgemeinen Menschheit" sind ein Kraftakt sondergleichen. Dadurch werden die Kräfte der gesamten Schöpfung erschüttert werden.

Im Zuge einer allmählichen Beruhigung und Erholung geht die Loslösephase über in die Rehabilitationsphase. Die heftigen Loslösewehen und Körperregelungen lassen spürbar nach und gehen über in Loslösereize. Doch die vollständige Gesundheit mag sich nicht wieder einstellen. Eine scheinbar unüberwindbare Energielosigkeit und systemische Unordnung plagt die Menschheit und erhält die demotivierenden Loslösereize am Leben.

Aus energetischer Sicht hat sich die Menschheit vom ausgedienten irdischen Bezugssystem gelöst, ist aber im geistigen, göttlichen noch nicht angekommen.

Sie ist entwurzelt, befindet sich in einem geistigen Schwebezustand; unter dem Einfluss zweier um sie ringender Kräfte: Mit dem ausgedienten Bezugssystem ist sie spirituell noch über die Loslösereize (Körperregelungen) verbunden, mit dem geistigen göttlichen über ihre sehnsüchtigen Gefühle und Gedanken. Wie noch deutlich werden wird, erweisen sich die Loslösereize als hilfreiche Wegbegleiter in dem Vorhaben Gottes, Menschen aus dem geistigen Schwebezustand in die messianische Königreichsführung zu erheben.

Wie geschieht das? Wie wirken die Loslösereize?

Loslösewehen und -reize in Form von Krankheitssymptomen sind kennzeichnend für den Erlösungsweg der „allgemeinen Menschheit". Im Gegensatz zu den Loslösewehen sind Loslösereize konstruktiv; wirken reinigend und erneuernd zugleich. Sie drängen uns aus Vertrautem, „Altem" heraus, ebnen aber auch den Weg für ein neues Wertebewusstsein, für neue Erlebens- und Sichtweisen:

Loslösereize wecken innigste Sehnsüchte und Wünsche, rufen Bilder und Vorstellungen in uns hervor, von dem, was wir als elementar wichtig empfinden und erfüllt sehen möchten. Ureigene, innige Herzenswünsche, die so wachgerufen werden, prägen die neue Persönlichkeit, „die nach Gottes Willen in wahrer Gerechtigkeit und Loyalität geschaffen wird" (Epheser 4:24). Der Menschheit wird bewusst, welche Werte wirklich wichtig, unabdingbar und erstrebenswert für sie sind. Für die „allgemeine Menschheit" ist das der aufrichtige Herzenswunsch nach **Gesundheit**, **Anerkennung** und **Liebe** in einem humanen, solidarischen Lebensumfeld.

Mit diesen edlen Wünschen und Gefühlen naht sich die Menschheit, ohne es zu wissen, dem geistigen göttlichen Bezugssystem – der himmlischen Königreichsführung – die den Herzenswünschen und Bedürfnissen aller Menschen gerecht werden kann und wird. Je inniger die Heilung herbeigesehnt wird, umso stärker formiert sich die Glaubenskraft an das Erhoffte.

Die glaubensstärkende Kraft der Sehnsucht wird dabei immer wieder angefacht durch die Wechselwirkung der Loslösereize. Mal dominieren ihre loslösenden negativen Kräfte, die Krankheitsgedanken nähren und entmutigen; mal aktivieren sie sehnsüchtige Kräfte, die ermuntern an die Heilung und das Gute zu glauben. Gleich einem rivalisierenden Ringen kämpfen so die energetischen Bezugssysteme um die geistige Vorherrschaft der Herzen; das ausgediente „alte" gegen das messianische „neue". Stets aber aktivieren die negativen Kräfte des ausgedienten Systems das Gewünschte, **die Heilung**, stärker herbeizusehnen bis die vollständige Glaubenskraft errungen ist.

Ist die notwendige Glaubenskraft errungen und die „neue Persönlichkeit" in ausreichendem Maße geprägt, sorgt Gott Vater durch himmlische Führung dafür, dass der sehnsüchtige Herzenswunsch der Menschheit bestätigt wird. Ihre spirituelle Reife für den Königreichsglauben und die Heilsvorkehrungen Gottes veranlasst ihn, seine erlösenden Heilsbotschaften zu übermitteln. So erfährt das sehnsüchtige Ringen der Menschheit nach Heilung und systemischer Erneuerung einen krönenden Abschluss durch berufene Personen, die

die Heil- und Wiederherstellungskraft Gottes glaubhaft vermitteln und akti-vieren können. In diesem Erlösungswerk geht die Klasse geistgesalbter Personen führend voran.

Menschen, die durch die Wechselwirkung der Loslösereize richtig auf den „Empfang" der Heilsbotschaften Gottes „eingestellt" sind, „empfangen eine geistige göttliche Sendung", durch die sie die Heilwirkung des Wortes Gottes am eigenen Körper erleben.

Heilung und Gesundheit durch die **wirksame Kraft** des Wortes Gottes!

Das ist spürbare Erlösung und Gottesbegegnung, wenn sein Wort die Krankheit bannt und seine Liebe in den Herzen der Menschen machtvoll und stark wird!

Das ist die Geburt einer Leben gebenden Gottesbeziehung, die den Beginn der messianischen Königreichsführung Gottes über die Erde markiert.

Das ist der Sieg Gottes und der Triumph seines messianischen Königs über die rivalisierenden Machenschaften ihres geistigen Widersachers.

***

Die Offenbarung geht in keinem Kapitel auf die Rehabilitationsphase der „allgemeinen Menschheit" ein. Die Darstellung dieser Phase stützt sich auf das Erlösungsgeschehen meiner Zwillingsschwester vor ca. 28 Jahren. Es schattet den Erlösungsweg der „allgemeinen Menschheit" vor.

8.5.4 Rehabilitationsphase der „kleinen Menschheitsgruppe"

Mein Erlösungs- und Heilsgeschehen steht stellvertretend für das der auserwählten „kleinen Menschheitsgruppe". Die Rehabilitationsphase ist nachzulesen in:

Kapitel 8.1, Seiten 87 - 90.

8.5.5 Neuerlebensphase – Wiedergeburtserleben - Erlösung

Offenbarung 21:1-7, 22:1-2

„Fürchte dich nicht,

denn ich habe dich erlöst;

ich habe dich bei deinem Namen gerufen;

du bist mein."

(Jesaja 43:1, Luther-Übers.)

„An jenem Tage werdet ihr erkennen,

dass ich in Gemeinschaft bin mit meinem Vater

und ihr in Gemeinschaft seid mit mir

und ich in Gemeinschaft bin mit euch."

(Johannes 14:20)

Durch die Rehabilitationsphase nahen sich Menschen der geistigen Kommunikationsebene Gottes. Sie erringen einen gottesnahen Status, der es ihnen ermöglicht, sein Wort vom Königreich und vom Heilwerden als reale Botschaft zu erleben. In diesem spirituellen Einklang führt die Bestätigung inniger Gefühle und Herzenswünsche von „höchster Ebene" zu einem phänomenalen geistigen Großerlebnis, das Jesus Christus in Johannes Kapitel 3, Vers 3 als geistiges Wiedergeburtserleben bezeichnete.

Sind alle Phasen des geistigen Neuordnungsgeschehens durchlaufen und die göttlichen Heilsbotschaften glaubensvoll und überzeugend vermittelt, zündet der Gottesfunke und stellt auf überwältigende Weise die Leben gebende geistige Verbindung zu Gott Vater her: Die als überaus beglückend empfundene Zustimmung und Bestätigung ureigener Wünsche von Seiten

Gottes öffnet die Herzen für den Empfang seiner heiligenden Kraft. So dringt der Heilige Geist Gottes mit hoher Intensität ein und wirkt wahrhaft Wunder. Die wirksame Kraft Gottes wird als überströmendes Liebes- und Glücksgefühl erlebt, das so unbeschreiblich schön und erhebend ist, das es immer gegenwärtig und lebensbestimmend bleibt. Einen der schönsten und bewegenden Verse darüber verfasste der Apostel Paulus in seinem Brief an die Römer: „Denn ich bin überzeugt, dass weder Tod noch Leben, noch Engel, noch Regierungen, noch Gegenwärtiges, noch Zukünftiges, noch Mächte, noch Höhe, noch Tiefe, noch irgendeine andere Schöpfung imstande sein wird, uns von Gottes Liebe zu trennen, die in Christus Jesus ist, unserem Herrn" (Römer Kapitel 8:38-39).

Diese alles überströmende Liebe Gottes erlöst von „alten", belastenden Denk- und Glaubensmustern. Längst überfälliger sorgenreicher Ballast fällt wie ein schwerer Sandsack augenblicklich von den Menschen ab. Das Leben erfährt durch Gottvertrauen und Liebe eine nie gekannte Leichtigkeit und Freude und erhält ein sicheres und unerschütterliches Fundament. Selbst schwere Krankheiten und Konflikte lösen sich im Bewusstsein der Gottesliebe auf. Damit ist der vorherrschende geistige Einfluss niederer Bezugssysteme zunichte gemacht und die Menschheit im emotionalen Einklang mit dem Willen und Vorhaben Gottes.

Glücklich und heilig darf sich schätzen, wer im geistigen Wiedergeburtserleben mit Gott Vater vereint worden ist, denn er steht fortan unter dem Segen seiner Führung und vermag aus dem Quell seiner Allmacht zu schöpfen. Er wird machtvoll und stark durch die in ihm wirksame Liebe. Das ist durch Menschen mit „frühen" Gotteserfahrungen, sowohl neutestamentarisch wie auch neuzeitlich, hinreichend belegt. Im Wiedergeburtserleben ergießt sich die volle Erlösungskraft des Loskaufs Opfers Jesu Christi und seiner Mitberufenen, ein heiligender Befreiungsschlag, der zurückbringt, was verloren schien; ein vertrautes, einmütiges Verhältnis zu Gott Vater und ewiges irdisches Leben unter seiner himmlischen Königreichsregierung*.

„Wenn aber jemand Gott liebt, so ist dieser von ihm erkannt", so schreibt es Paulus in 1. Korinther 8, Vers 3. Er ist im Wiedergeburtserleben „vom Tode zum Leben hindurchgedrungen", wie es die Luther- Übersetzung in Johannes 5, Vers 24 sagt; er ist Gott gegenüber zum Leben gekommen und hat seine wahre Identität und Bestimmung in Gottes neuer Werteordnung erkannt. Er ruht in Gott; und Gottes Geist in ihm (Hebräer 4:10, Johannes 14:23).

Es ist Gottes Wille, allen Menschen im gegenwärtigen und zukünftigen Erlösungsgeschehen zur Gottesnähe zu verhelfen, denn sein gesamtes Wiederherstellungswerk ist auf dem geistigen Fundament einer lebendigen Gottesbeziehung gegründet.

*Während mit dem Wiedergeburtserleben der „allgemeinen Menschheit" das Leben gebende geistige Verhältnis zu Gott Vater wiedergeboren wird, erfahren „die Berufenen" eine wahre Wiedergeburt. Ihr Wiedergeburtserleben hat eine besonders tief gehende geistige Dimension: Sie werden als geistige Söhne Gottes gezeugt mit der Aussicht auf Thron und Zepter in der himmlischen Königreichsregierung Gottes. Sie erlangen damit Unsterblichkeit (siehe Offenbarung 20:6).

Kapitel 9

Geistige Zuteilung und Segnung

(Vorwort)

„Ich werde dich bestimmt segnen …

und werde deinen Samen mehren …

Könige werden aus dir hervorgehen …

Und durch deinen Samen werden sich bestimmt

alle Nationen der Erde segnen zufolge der Tatsache,

dass du auf meine Stimme gehört hast.“

(1. Mose 12:2-3; 17:6; 22:15-18)

9. Geistige Zuteilung und Segnung

„Zum Beispiel steht geschrieben,

dass Abraham zwei Söhne hatte,

einen von der Magd (Hagar) und einen von der Freien (Sara);

aber der von der Magd wurde in Wirklichkeit

nach der Weise des Fleisches geboren,

der andere, von der Freien, durch eine Verheißung.

Diese Dinge sind ein symbolisches Drama;[16]

denn diese Frauen bedeuten zwei Bündnisse,

das eine vom Berge Sinai,

welches Kinder zur Sklaverei hervorbringt, und das ist Hagar.

Das Jerusalem droben dagegen ist frei, und es ist unsere Mutter."

(Galater 4: 22-24, 26)

In den vorangegangenen Kapiteln ist deutlich geworden, dass Gott Vater zwei Erlösungswege für die Menschheit vorgesehen hat. Daher segnet und heiligt er Menschen auch auf zwei unterschiedliche Weisen:

Der eine Erlösungsweg ebnet der auserwählten „kleinen Menschheitsgruppe" den Weg zu ihrem himmlischen Königreichserbe. Der andere Erlösungsweg führt die „allgemeine Menschheit" zu den Segnungen ihres irdischen Königreichserbes.

---

16 s. „Einsichten über die Heilige Schrift", Band 1, Seite 1039 – Abs. 2

Die Zuordnung und Bestimmung für das himmlische bzw. irdische Königreichserbe erfolgt bereits mit der Zeugung, also völlig unabhängig vom Willen und von Werken der Menschen. Bereits mit der Zeugung ist für Gott Vater
erkennbar, welcher Menschheitsgruppe die zukünftige Person angehören
wird. Allerdings ist das himmlische Königreichserbe nicht als Geschenk zu
betrachten, das berufenen Personen per Dekret zusteht. Auserwählte müssen ihr himmlisches Erbe „festmachen", indem sie ihrer Berufung gemäß leben und ihrer Königreichsaufgabe zeitlebens treu bleiben, ungeachtet der
Opfer, die ihr Dienst mit sich bringen mag (2. Petrus 1:10, Philipper 3:12-14).
Die spätere Stellung der Menschen im Systemgeschehen lässt noch deutli-
cher werden, welcher Menschheitsgruppe bzw. welchem Königreichserbe
sie zuzuordnen sind:

Glieder der „allgemeinen Menschheit" hängen bestehenden Systemordnungen und -kräften in einer besonderen Weise an. Das schattet auch ihre Stellung und Gesinnung in der künftigen Königreichsordnung vor. Das Bezugssystem wechselt zwar, aber der Hang zum Werte konformen handeln bleibt.
Die Lebenskraft der „allgemeinen Menschheit" wird also zukünftig eng an die
Segnungen in Gottes neuer Weltordnung geknüpft sein. Dabei wird mehr
denn je deutlich werden, wie wichtig ein vertrautes Verhältnis zu Gott Vater
und ein gläubiges Herz für den Empfang künftiger Königreichssegnungen
ist.

Die „allgemeine Menschheit" wird mit der von Gott kommenden Königreichsordnung genauso eng verbunden sein, wie mit der weichenden „alten" Werteordnung. Die enge Bindung der Menschheit an das gegenwärtige irdische
Bezugssystem kennzeichnet sie als künftige irdische Königreichserben.

Die auserwählte „kleine Menschheitsgruppe" hingegen nimmt eine Außen-
seiterstellung im bestehenden Weltgeschehen ein. Sie kann sich mit den

systemischen Werten nicht identifizieren und verfügt auch nur über begrenzte Mittel und Möglichkeiten, sich darin zu behaupten. Sie fühlt sich nicht wohl in dieser von Geld und Macht beherrschten Welt und sehnt gerechtere und humanere Lebensverhältnisse herbei. So vermag sie sich im „gemäßigten Loslösegeschehen" frühzeitig vom bestehenden Bezugssystem zu lösen und die messianische Königreichsführung anzuziehen. Das deutet auf eine unabhängige, freiheitliche Stellung im künftigen Königreichsgeschehen hin. Ihr herzensmäßiger Einklang mit göttlichen Wertmaßstäben und Gesetzen kennzeichnet sie als Gottes himmlische Königreicherben.

Der Apostel Paulus geht in seinem Brief an die Galater auf die irdische und die himmlische Königreichshoffnung ein (siehe umseitige Bibelverse; Galater 4:22-31):

Er schreibt das Abraham, aus dessen Nachkommenschaft der Erlöser der Menschheit hervorgehen sollte, zwei Söhne hatte. Einen von seiner Magd, die in einem Abhängigkeitsverhältnis zu ihm stand, und einen von seiner Ehefrau Sara, der „Freien". Den ersten Sohn, Ismael, gebar ihm seine Magd Hagar nach „der Weise des Fleisches". Den zweiten Sohn, Isaak, gebar ihm seine unfruchtbare Frau Sara auf Gottes Verheißung hin.

Gemäß dem Apostel Paulus schattet Hagar den irdischen Teil der damaligen Organisation Gottes vor; das buchstäbliche Israel mit seiner Hauptstadt Jerusalem. Ihre Nachkommen waren an die Gesetze und Gebote vom Berg Sinai (Gesetzesbund) gebunden, von dessen geistiger Fessel es sich durch Christus nicht erlösen ließ. Die Mehrheit der Juden erkannte ihren Erlöser nicht, durch den Gott die Bürden des Gesetzesbundes rechtskräftig aufhob. Die dem Gesetzesbund anhängenden Juden sind identisch mit der „allgemeinen Menschheit", die gegenwärtigen Systemordnungen und -kräften anhängt und auf die seit mehr als 100 Jahren verkündete Königreichsbotschaft nur vereinzelt reagiert. Ihr enger Bezug zur irdischen Werteordnung kennzeichnet sie als zukünftige irdische Königreichserben.

Wen stellten dann Sara und ihr Sohn Isaak dar?

Paulus erklärt, dass Sara, die „Freie bzw. Unfruchtbare", das „Jerusalem droben", den himmlischen Teil der Organisation Gottes darstellt. Seine weibesgleiche Universalorganisation von Geistgeschöpfen war insofern unfruchtbar, als sie, bis Christus kam, keine geistgezeugten Kinder auf der Erde hatte. Zu Pfingsten 33 u.Z. wurde dann auf eine Gruppe Männer und Frauen Heiliger Geist ausgegossen, die ebenso als Kinder seiner himmlischen Frau gezeugt wurden. Die Nachkommen seiner himmlischen Frau wurden als geistige Söhne Gottes angenommen und mit Jesus Christus Erben seiner himmlischen Königreichsregierung.

Systemschwache Juden, die **vor** dem offiziellen Ende des Gesetzesbundes im Jahre 70 u. Z. positiv auf die Königreichsbotschaft Jesu Christi reagierten und eine geistige Geburt erlebten, sind identisch mit Systemaußenseitern der Neuzeit, die **vor** dem Abschluss der bestehenden Weltordnung in die himmlische Königreichsregierung Gottes berufen worden sind. Es sind Gottes himmlische Königreichserben.

9.1 Erben himmlischer Königreichsverheißungen

Gottes himmlische Königreichserben ...

wiedergeboren für einen heiligen Zweck

„So viele ihn (Christus) aber aufnahmen,

denen gab er Befugnis, Kinder Gottes zu werden,

weil sie Glauben an seinen Namen ausübten;

und sie wurden nicht aus Blut noch aus dem Willen des Fleisches,

noch aus dem Willen eines Mannes, sondern aus Gott geboren."

(Johannes 1:12-13)

„Gesegnet sei der Gott und Vater unseres Herrn Jesus Christus,

denn nach seiner großen Barmherzigkeit hat er uns eine neue Geburt

zu einer lebendigen Hoffnung gegeben durch die Auferstehung

Jesu Christi von den Toten, zu einem unvergänglichem ... Erbe.

Es ist in den Himmeln aufbehalten für euch ..."

(1. Petrus 1:3-4)

„Wir nun, Brüder, sind Kinder, die zu der Verheißung gehören,

gleichwie es Isaak war.

Deshalb, Brüder, sind wir nicht Kinder einer Magd,

sondern von der Freien."

(Galater 4:28, 31)

117

Gemäß der Heiligen Schrift erfahren Glieder der auserwählten „kleinen Menschheitsgruppe" mit ihrem Neuerlebensgefühl eine geistige Wiedergeburt[17], wodurch sie als Gottes geistige Söhne und Königreichserben gezeugt werden. Sie ziehen mit der beglückenden und erlösenden Königreichsbotschaft gleichsam Gottes Heiligen Geist an, der ihnen einen einzigartigen geistigen Status verleiht. So werden sie durch ihre starke Identifikation mit dem Willen und Vorhaben Gottes in seine himmlische Universalorganisation hineingeboren. Wie kann man sich das bildlich vorstellen?

So wie Mann und Frau sich in ihrer Liebe buchstäblich vereinen, so werden Auserwählte durch ihre überschwängliche Liebe zum Königreich geistig mit dem Schöpfer vereint. Sein Heiliger Geist befruchtet ihre empfänglichen Herzen und zeugt sie als geistige Kinder seiner weibesgleichen himmlischen Organisation – als zukünftige Erben seiner himmlischen Königreichsregierung.

Gemäß den Worten des Apostels Paulus werden berufene Personen durch ihren Glauben an die messianische Botschaft „ihrer Rettung" mit Heiligem Geist versiegelt, der ein im Voraus gegebenes Unterpfand ihres königlichen Erbes ist (Epheser 1:13-14; 2. Korinther 1:21-22; 1. Johannes 5:4). Paulus schreibt darüber hinaus in 2. Korinther 5, Vers 17: „Wenn somit jemand in Gemeinschaft mit Gott und Christus ist, so ist er eine neue Schöpfung; die alten Dinge sind vergangen, siehe! Neue Dinge sind ins Dasein gekommen". Alle aus Gott Geborenen sind Adoptivsöhne Gottes, Brüder Jesu und Miterben mit Christus im himmlischen Königreich. Und wie Christus sind sie von Gott gesalbt worden, die gute Botschaft vom Königreich auf der ganzen bewohnten Erde zu verkünden. Petrus schrieb über geistgesalbte Christen: „Ihr

---

17 Siehe Quellenverzeichnis: Wachtturmausgabe vom 15.02.1998, Seite 12-17

aber seid ein auserwähltes Geschlecht, eine königliche Priesterschaft, eine heilige Nation, ein Volk zum besonderen Besitz, damit ihr die Vorzüglichkeiten dessen weit und breit verkündet, der euch aus der Finsternis in sein wunderbares Licht berufen hat" (1. Petrus 2:9).

Jehova Gott hat geistgesalbten Personen den Königreichsglauben eingepflanzt. Sie sind Zeugen und Bürgen seines nahenden Wiederherstellungsvorhabens mit der Menschheit. Sie wirken somit an Christi statt und gehen führend im Königreichswerk Gottes voran. In Gemeinschaft mit Christus sind sie Tempel des Heiligen Geistes Gottes; geistige Licht- und Kraftspender auf unabsehbare Zeit. Jesus Christus veranschaulichte ihren einzigartigen geistigen Zustand mit folgenden sinnbildlichen Worten: „Wer auch immer von dem Wasser trinkt, das ich ihm geben will, der wird überhaupt nie durstig werden, sondern das Wasser, das ich ihm geben will, wird **in ihm** zu einer Wasserquelle werden, die hervorsprudelt, um ewiges Leben zu vermitteln" (Johannes 4:14). „Wenn jemand durstig ist, komme er zu mir und trinke. Wer an mich glaubt, so, wie die Schrift gesagt hat: Aus dessen Innerstem werden Ströme lebendigen Wassers fließen" (Johannes 7:38).

Die „Wasser der Wahrheit" in Jesu Veranschaulichung versinnbildlichen die messianische Königreichsbotschaft, die sich in den Herzen seiner gläubigen Leibesglieder zu einem Quell des Heiligen Geistes Gottes und des Königreichsverständnisses entwickeln. In ihrem Innern gebiert ein Leben gebender Geist, der sie wie Christus in den heiligen Stand erhebt, Leben in sich selbst zu haben. Sie dienen somit als Christi autorisierte Königreichsvertreter und sind wie er Mittler des Heiligen Geistes Gottes. Ihr vollkommener Königreichsglaube stattet sie mit von Gott kommender Autorität und Kompetenz aus, seinen Willen auf der Erde zu vertreten. Und das nicht nur während ihres irdischen Dienstes, sondern auch über ihren leiblichen Tod hinaus.

Wie Christus besitzen sie kein irdisches Bleiberecht. Wie er setzen sie ihr Leben vorbehaltlos für die Königreichsinteressen Gottes ein, damit der Menschheit Erlösung und Heil zu Teil werden kann. Daher sterben sie „in der Gleichheit" seines Todes. Wie Christus werden sie aber zu unsterblichem, himmlischem Leben auferweckt und erhalten eine erhabene Stellung in der himmlischen Königreichsregierung Gottes. Als Leben gebende Geistgeschöpfe nehmen sie dann Einfluss auf das Weltgeschehen; üben unsichtbar aber wirksam die Weltführung aus (1. Korinther 15:45).

Sie nehmen somit eine Sonderstellung unter den himmlischen Geistgeschöpfen ein, da sie anders als ihre himmlischen Mitgenossen, **auf der Erde** geistgezeugt und geschult worden sind, um ihrer einzigartigen Aufgabe unter den Himmeln gerecht zu werden; Gottes Erlösungs- und Wiederherstellungsvorhaben auf der Erde zu führen.

Jesus Christus wies während seines irdischen Dienstes auf eine auserwählte Menschheitsgruppe hin, die mit ihm in Gottes himmlischen Königreich regieren wird, als er zu seinen Jüngern sprach: „Ihr aber seid es, die in meinen Prüfungen mit mir durchgehalten haben, und ich mache einen Bund mit euch, so, wie mein Vater einen Bund mit mir gemacht hat, für ein Königreich, damit ihr an meinem Tisch in meinem Königreich esst und trinkt und auf Thronen sitzt, …" (Lukas 22:28-30).

Der Apostel Johannes sah sie in einer Vision bereits verherrlicht auf dem himmlischen Berg Zion zusammen mit dem Lamm, dem auferweckten Herrn Jesus Christus. Johannes gab zudem ihre Zahl bekannt, als er schrieb: „Ich sah, und siehe, das Lamm stand auf dem Berg Zion und mit ihm 144 000, die seinen Namen und den Namen seines Vaters auf ihrer Stirn geschrieben trugen … Diese wurden als Erstlinge aus den Menschen für Gott und für das Lamm erkauft, und in ihrem Mund wurde keine Unwahrheit gefunden; sie sind ohne Makel" (Offenbarung 14:1, 4b-5). Ergänzend lesen wir dazu in Offenbarung Kapitel 5 und 20: „Denn du (Christus) bist geschlachtet worden und mit deinem Blut hast du für Gott Personen aus jedem Stamm und jeder Zunge und jedem Volk und jeder Nation erkauft, und du hast sie zu einem Königtum und zu Priestern für unseren Gott gemacht, und sie werden als Könige über die Erde regieren" (Offenbarung 5:9-10). „Und ich sah Throne, und da waren solche, die sich darauf setzten, und es wurde ihnen Macht zu richten gegeben … Glücklich und heilig ist, wer an der ersten Auferstehung teilhat; über diese hat der zweite Tod keine Gewalt, sondern sie werden Priester Gottes und des Christus sein und werden als Könige die tausend Jahre mit ihm regieren" (Offenbarung Kap. 20: 4a, 6).

Die von Gott Gezeugten haben den innigen Wunsch, seinen Willen zu tun, weil seine Gesetze in ihr Herz geschrieben sind. Sie sind in Einklang und Harmonie mit Gott Vater und seinem Königreichsvorhaben und erleben diese Entsprechung als beglückendes Gefühl göttlicher Zustimmung und Liebe (Hebräer 8:10; 1. Johannes 3:9).

Geistgezeugten Personen des ersten Jahrhunderts war bewusst, dass sie ihre Erlösung vom Gesetzesglauben und ihre wiedergeborene Gotteskindschaft dem Opfertod Jesu Christi zu verdanken hatten. Von Dankbarkeit und göttlicher Antriebskraft beflügelt kamen sie dem Auftrag Jesu Christi nach, seine Königreichs-Verkündigung fortzusetzen, um nach weiteren würdigen Königreichserben Ausschau zu halten. So wurde anfangs nur den Juden, später allen Menschen, humane und gerechte Lebensverhältnisse unter Gottes nahender Königreichsführung verkündet. Auf diese Weise wurde vielen, die durch ihre Unzulänglichkeit vor dem Gesetzesbund und anderen obrigkeitlichen Gewalten in Bedrängnis gerieten, Hoffnung und Rettung durch die frohe Königreichsbotschaft zu teil.

Nach drei Jahrzehnten unermüdlicher Evangelisationsarbeit konnte Paulus in seinem Brief an die gesalbte Christenversammlung der Kolosser zufrieden feststellen, dass die frohe Königreichsbotschaft auf der ganzen damals bekannten Erde gepredigt worden war (Kolosser 1:23). Menschlicher Kraft allein war es nicht zuzuschreiben, ein derart großes Evangelisationswerk ins Dasein zu bringen, dem täglich gläubige Christenversammlungen hinzugefügt werden konnten. Gottes wirksame Kraft war es, die das Werk vorantrieb und den christlichen Glauben zur Weltreligion erhob; Gottes wirksame Liebe in den Herzen geistgesalbter Personen.

Das ist auch heute, nahe vor dem Abschluss der bestehenden Weltordnung nicht anders. Die frohe Königreichsbotschaft, die im neuzeitlichen Erlösungsgeschehen auf empfängliche Herzen trifft, ist genauso wirksam, wie zu urchristlicher Zeit. So wurde zu Beginn des 20. Jahrhunderts der urchristliche Auftrag der Königreichsverkündigung wiederbelebt und in weltweitem Umfang fortgesetzt. In diesem neuzeitlichen Evangelisations- und Einsammlungswerk sind geistgesalbte Religionsmitglieder der Zeugen Jehovas mit leuchtendem Beispiel vorangegangen. Ihrem Evangelisationseifer und ihrem organisierten Predigtwerk ist es zu verdanken, dass die frohe Botschaft von Gottes nahendem Königreich seit mehr als 100 Jahren verkündet wird und jedes noch so ferne und unberührte (Insel) Gebiet der Erde erreicht hat. So konnte vielen Menschen, die ohne Hoffnung und Orientierung im Leben waren, durch Rat und Aufschluss aus der Heiligen Schrift geholfen werden. Insbesondere aber konnten die restlichen Glieder der Königreichsklasse gefunden und mit Heiligem Geist versiegelt werden, um deren Willen der Predigtauftrag Jesu Christi erteilt wurde. Mit ihrem einzigartigen Wiedergeburtserleben sind sie die größten Nutznießer der urchristlichen und neuzeitlichen Königreichsverkündigung.

Allen gesalbten Christen ist es ein Herzensbedürfnis anderen d i e frohe Botschaft zu vermitteln, die ihnen selbst zum Heil geworden ist. Der Predigtauftrag gesalbter Christen endet mit dem Abschluss der bestehenden Weltordnung. Doch warten neue Aufgaben auf sie:

So sorgt der Überrest geistgesalbter Christen durch seinen unerschütterlichen Königreichsglauben dafür, dass sich das krisenreiche Abschlussgeschehen in ein Erlösungs- und Heilsgeschehen für die Menschheit wandeln kann. Er ist Mittler endloser von Gott kommender Königreichssegnungen und verwirklicht sein irdisches Wiederherstellungsvorhaben. Unter seiner Federführung entsteht eine neue theokratisch geprägte Werteordnung, die deutlich sichtbar und spürbar werden lässt, das Gottes Wille auf Erden geschieht (Matthäus 6:10).

Wenn die letzten Königreicherben ihren irdischen Dienst beendet haben, üben sie ihre Königreichsführung vom Himmel aus. Es werden dann würdige Vertreter aus der Menschheit über das irdische Königreichswerk eingesetzt, die sich von der himmlischen Königreichsführung leiten lassen und es in ihrem Sinne und Geiste fortsetzen.

9.2   Erben irdischer Königreichssegnungen

Gottes irdische Königreicherben …

Sanftmütige, die die Erde erben werden.

„Die Sanftmütigen selbst werden die Erde besitzen,

und sie werden in der Tat ihre Wonne haben

an der Fülle des Friedens."   (Psalm 37:11)

„Zu jener Zeit werden die Augen der Blinden aufgetan werden,

und die Ohren der Tauben selbst werden geöffnet werden.

Zu jener Zeit wird der Lahme klettern wie ein Hirsch,

und die Zunge des Stummen wird jubeln.

Denn in der Wildnis werden Wasser hervorgebrochen sein

und Wildbäche in der Wüstenebene."

(Jesaja 35:5-6)

Die „allgemeine Menschheit" erfährt in der Neuerlebensphase ein buchstäbliches Heilsgeschehen; die Erlösung von belastenden Erkrankungen, selbst solcher mit chronischem und sogenanntem „unheilbarem" Verlauf. Ihr empfänglicher und gläubiger Herzensboden ermöglicht es ihr, die **wirksame** Kraft des Wortes Gottes vom Heilwerden, am eigenen Körper zu erleben (Offenbarung 7:9-10, 16-17). Mit der Heilserfahrung entsteht eine Leben gebende geistige Beziehung zu Gott Vater; eine Gottesbegegnung, die als außerordentlich beglückend empfunden wird und für immer lebensbestimmend bleibt. Menschen werden machtvoll und stark durch die in ihnen wirksame Liebe Gottes und vermögen Kraft des Gutglaubens, ihre Gesundheit und ihre ganzheitliche Lebenssituation heilsam zu beeinflussen.

Wer auf so ergreifende Weise die **wirksame Kraft** des Wortes Gottes erlebt hat, für den sind die Wunderheilungen Jesu Christi zur Realität geworden. Der versteht die Worte, die Jesus geheilten Personen mit auf den Weg gab: „Dein Glaube hat dich gesund gemacht; geh hin in Frieden" (Lukas 8:48) und: „So, wie du geglaubt hast, so geschehe dir" (Matthäus 8:13). Der errungene Glaube an Gottes Heilkraft und Allmacht ist der Schlüssel für das gesamte Heil- und Wiederherstellungsgeschehen in Gottes neuer Weltordnung. Wenn der Gottglaube nur tief genug im Herzen verankert ist, beginnen sich alle Dinge zu ordnen und zu harmonisieren, weichen selbst schwere Krankheiten, nehmen selbst problematische Situationen einen segensreichen Verlauf. Jesus Christus bestätigte gemäß der Evangelisten Matthäus und Lukas die große Bedeutung des „errungenen" Glaubens für das Heilsgeschehen der Menschen (Matthäus 17:19-20; Lukas 17:5-6).

Für die Überleitung empfänglicher Menschen in sein segensreiches geistiges Bezugssystem bedient sich Gott Vater befähigter und verständiger Mittler - erlöster Personen. Aus einer persönlichen Betroffenheit meiner Schwester kann ich ableiten, dass die geistigen Heilslehren Bruno Grönings eine wichtige Mittler- und Brückenfunktion im globalen Erlösungs- und Heilsgeschehen der „allgemeinen Menschheit" haben werden.

Die Lebensregeln vermitteln, wie Menschen durch Heilung auf geistigem Weg – allein durch Gottvertrauen und Heilstromaufnahme – von schweren Erkrankungen geheilt werden können und so zum Glauben an die Führung und Allmacht ihres himmlischen Vaters kommen.

Welche goldenen Lebensregeln und geistigen Leitsätze gilt es zu beachten? Der Krankheit und dem Schmerz keine Beachtung mehr zu schenken, sondern Gott als dem größten Arzt und Heiland zu vertrauen; an sein Heil werden zu glauben. Viel zitierte Leitsätze Bruno Grönings:[18] „Es gibt kein unheilbar, Gott ist der größte Arzt." „Vertraue und glaube, es hilft, es heilt die göttliche Kraft."

Die Heilung suchenden werden in den Gemeinschaftsstunden des Bruno Gröning Freundeskreises darin angeleitet, sich gedanklich vollständig von Sorgen und Krankheitsgedanken zu trennen; sich nicht mehr damit zu beschäftigen. Die noch auftretenden Körpersymptome als vorübergehenden Regelungs- und Reinigungsprozess zu betrachten, dem die Heilung folgt. Die Heilung suchenden werden dann darin angeleitet, wie sie die heiligende Kraft Gottes aufnehmen können - nämlich durch eine offene, empfängliche Sitzhaltung und durch wahrnehmen und erspüren der einströmenden göttlichen Kraft.

Wenn der rechte Zeitpunkt für das Erlösungsgeschehen gekommen ist, kann das Wort Gottes vom Heil werden greifen, der Gottesfunke zünden und einströmende göttliche Kraft die Krankheit aus dem Körper leiten.

Geheilte und Heilung suchende stellen sich gemäß der Lehre Grönings täglich auf den Heilstrom ein, um gesund und kraftvoll zu werden bzw. zu bleiben. Durch die spürbare Wirkung der heiligenden Kraft Gottes vermögen sich Menschen sozusagen ganzheitlich zu therapieren. Aufgenommene göttliche Kraft kann gedanklich auch an andere Personen weitergeleitet werden und so Fernhilfen und Fernheilungen bewirken.

---

18 Zitat aus der Biografie Bruno Grönings: Ich lebe, damit die Menschheit wird weiterleben können, Seite 64-65, Grete Häusler Verlag

Mittels geistiger Heilslehren ist bereits vielen Menschen Hilfe und Heilung zu teil geworden. Es gibt zahllose Beispiele von schwer erkrankten Personen, die auf diesem Weg das Heil am eigenen Körper erfahren haben und so zum Gottglauben zurückfinden konnten. Dieses erstaunliche Heilsgeschehen ist in tausenden von ärztlich dokumentierten Heilberichten nachzulesen[19]. Es zeugt von einer großen Bedeutung der Heilslehren im nahenden weltweiten Erlösungsgeschehen. Eine entwurzelte, nach göttlichen Maßstäben suchende Menschheit wird dem geistigen Lebenswerk Grönings zum Durchbruch verhelfen und ihm die Beachtung und Wertschätzung schenken, die es verdient.

Wunderbare Dinge werden geschehen, wenn sich die Menschheit in naher Zukunft für die geistigen, göttlichen Dinge öffnet. Dann beginnt die messianische Königreichsherrschaft auf der Erde, die mit endlosen Segnungen für die Menschheit verbunden ist. Jesus Christus gab seinerzeit mit zahllosen Wunderheilungen und Auferweckungen eine beeindruckende Vorschau auf das weltweite Heilsgeschehen während seiner nahenden himmlischen Königreichsmacht über die Erde.

Da wir nahe an der Schwelle zu Gottes verheißener neuer Weltordnung stehen, wird sich das damalige Heilsgeschehen schon bald in weltweitem Umfang fortsetzen. Dann wird man wie in urchristlicher Zeit darüber staunen können, dass Taube wieder hören, Blinde wieder sehen und Lahme wieder gehen (Lukas 7:20-23; Matthäus 11:2-5).

Im Bruno Gröning Freundeskreis, einem der weltweit größten Zusammenschlüsse für Heilung auf geistigem Weg, kann man dieses Heilsgeschehen bereits in kleinem, aber stetig wachsenden Umfang beobachten.

---

19 S. Internet: www.bruno-groening.org - HEILUNGEN selektieren

Die hohe Wirksamkeit des therapeutischen Gotteswirkens lässt für mich keinen Zweifel daran aufkommen, dass Krankheit und Tod besiegt werden; dass Gottes Wiederherstellungsvorhaben auf der Erde vollständig verwirklicht werden wird.

Die größte Königreichssegnung ist zweifellos die Auferweckung Entschlafener zu ewigem irdischen Leben. Dadurch wird Gottes vollkommene Wiederherstellungskraft auf eindrucksvolle Weise dargestellt werden und die Menschen entzückt sein über die große Liebe und Gnade ihres himmlischen Vaters. In einer Wiederherstellungszeit von 1000 Jahren wird Gott Vater die Menschheit zu vollkommener Glaubenskraft geführt haben und sein ursprünglicher Vorsatz mit der Erde verwirklicht sein.

Kapitel 10

Gott(Gut)glaube – unabdingbar für künftige Königreichssegnungen
(Vorwort)

„Der Glaube ist die gesicherte Erwartung erhoffter Dinge,
der offenkundige Erweis von Wirklichkeiten,
obwohl man sie nicht sieht…

Durch Glauben bemerken wir,
dass die Systeme der Dinge durch Gottes Wort geordnet wurden,
so dass das, was gesehen wird, aus Dingen geworden ist,
die nicht in Erscheinung treten…

Ohne Glauben aber ist es unmöglich, ihm wohlzugefallen,
denn wer sich Gott naht, muss glauben, dass er ist
und dass er denen, die ihn ernstlich suchen,
ein Belohner wird."

(Hebräer 11:1, 3, 6)

10. Glaube – unabdingbar für künftige Königreichssegnungen

Darauf traten die Jünger allein zu Jesus und sprachen:
„Wie kommt es, dass wir den Dämon nicht austreiben konnten?"
Er sprach zu ihnen: „Wegen eures Kleinglaubens.
Denn wahrlich ich sage euch:
Wenn ihr Glauben habt von der Größe eines Senfkorns,
werdet ihr zu diesem Berge sagen: Rücke von hier weg dorthin!
und er wird hinwegrücken, und nichts wird euch unmöglich sein."
(Matthäus 17:19-20)

"Aber wenn du etwas tun kannst, so habe Mitleid mit uns und hilf uns."
Jesus sprach zu ihm: „Dieser Ausspruch: Wenn du kannst!
Nun, alles ist dem möglich, der Glauben hat."
Sogleich schrie der Vater des kleinen Kindes, indem er sagte:
„Ich glaube! Hilf mir, wo ich des Glaubens bedarf!"
(Markus 9:22b-23)

Die Grundlage für Gottes künftige Königreichsherrschaft über die Erde ist, dass er in den Herzen der Menschen König geworden ist. Die Menschen müssen zum Glauben kommen an Gottes Rettungs- und Heilsvorkehrung, an seine Wiederherstellungskraft und Allmacht.

Wirklicher Nutznießer künftiger Königreichssegnungen kann man nur sein, wenn man geistigen, göttlichen Werten herzensmäßig zugeneigt ist. Ja – das gesamte Wiederherstellungsgeschehen stützt sich auf eine erlöste, gutgläubige Menschheit, in der Gottes Heiliger Geist wirksam ist. (Hebräer 11:6,

Galater 3:11; Lukas 18:8). Das nahende Abschluss- und Erlösungsgesche-hen wird dafür sorgen, dass die Herzen der Menschen richtig „eingestellt" werden auf den Empfang künftiger Königreichssegnungen.

Von einem errungenen, unerschütterlichen Glauben dieser Art sprach Jesus Christus, als er Geheilten zusicherte: „Dein Glaube hat dich gesund ge-macht" oder: „Dir geschehe gemäß deinem Glauben" (Matthäus 9:22; Lukas 8:48).

Jesus fühlte sich gedrängt, leidgeprüften Menschen zu helfen, die sich auf-richtigen und gläubigen Herzens an ihn wandten (Lukas 7:1-10; 8:43-56; 13:10-13; Markus 5:25-34; Johannes 5:5-8). Alle Heilung suchenden waren bereits vor ihrer Begegnung mit Jesus fest davon überzeugt, dass er sie hei-len konnte. Alle waren auf ihrer langen, vergeblichen Suche nach Hilfe und Heilung zu der Erkenntnis gelangt, dass nur der Höchste in der Lage ist, sie von dem Grundübel ihres Leidens zu erlösen. Und alle hatten trotz der ent-mutigenden, aussichtslosen Situation an ihrer Hoffnung und dem Wunsch, gesund zu werden, festgehalten. Sie waren bereit und empfänglich für die Hilfe, die sich ihnen durch den Erlöser und Heiland, Jesus Christus, bot. Sie hatten sich in geistiger Hinsicht bereits seiner wirksamen Königreichsmacht genaht und waren ihm in seinem Bemühen um Heilung und Wiederherstel-lung entgegengekommen.

Im Gegensatz dazu stieß Jesus beim Predigen in seinem Heimatgebiet auf Unglauben und Zweifel, weswegen er dort keine Machttaten vollbringen konnte – und es wohl auch nicht wollte. Die Evangelisten Matthäus und Mar-kus berichten darüber in: Matthäus, Kapitel 13:57-58 und Markus, Kapitel 6:4-6, siehe auch Hebräer 4:3, 10; 3:19.

Auch heute, so nahe vor dem Systemwechsel in Gottes neue Ordnung, ver-weilen noch viele Menschen im Unglauben. Viele halten das Heilsgeschehen von damals für eine Legende.

Wie traurig, dass man **Gott – dem Allmächtigen** - dem Schöpfer des Himmels und der Erde; dem Geber aller guten Gaben nicht zutraut, den harmonischen Urzustand für die Erde wiederherzustellen. Das ist vergleichsweise so, wie wenn man einem promovierten Mediziner nicht zutraut, einfachste Grundlehren seines wissenschaftlichen Studiums in der Praxis anzuwenden. . .

Zweifellos – die Menschheit muss den Glauben an Gottes Wiederherstellungsvorkehrung und Allmacht noch entwickeln, um die verheißenen Königreichssegnungen empfangen zu können. Der Glaube ist Türöffner für das persönliche Heilsgeschehen und der Beginn einer nie endenden innigen Beziehung zu Gott Vater. Aus diesem Gemüts- und Herzensfrieden heraus, aus dieser unbeschreiblichen Freude und Dankbarkeit über Gottes grenzenlose Liebe und Güte, werden alle Dinge in den Himmeln und auf der Erde neu geordnet – nach Gottes heiligem Plan.

„Denn alles, was aus Gott geboren worden ist, besiegt die Welt.
Und das ist die Siegesmacht,
die die Welt besiegt hat: unser Glaube."
(1. Johannes 5:4b)

„Denn der Gerechte wird zufolge des Glaubens leben."
(Galater 3:11)

Kapitel 11

Dein Königreich komme

(Vorwort)

„Und in den Tagen dieser Könige

wird der Gott des Himmels ein Königreich aufrichten,

das nie zugrunde gerichtet werden wird.

Und das Königreich selbst wird an kein anderes Volk übergehen.

Es wird alle diese Königreiche zermalmen und ihnen ein Ende bereiten,

und es selbst wird für unabsehbare Zeiten bestehen.“

(Daniel 2:44)

11. Dein Königreich komme

„Unser Vater in den Himmeln,

dein Name werde geheiligt.

Dein Königreich komme.

Dein Wille geschehe wie im Himmel,

so auch auf der Erde.

Gib uns heute unser Brot für diesen Tag;

....

.........."

(Matthäus 6: 10)

Die von Gott kommende neue Weltordnung wird die Liebe Gottes widerspiegeln, die in den Herzen seiner auserwählten Königreicherben wirksam ist. Liebe – Freude – Frieden, das sind die treibenden Kräfte, die die künftige neue Welt bewegen werden.

Bald schon wird Gott Vater seine Königreichsregierung segnend über die erlöste Menschheit einsetzen: Der Überrest seiner auserwählten Königreicherben, der heute noch auf der Erde lebt, wird der Menschheit den Weg in die 1000- jährige Rückführung und Wiedererschaffung aller Dinge ebnen (Offenbarung 20:4, 6).

An Christi statt gestaltet er eine neue Werteordnung, die frei ist von den Sachzwängen bestehender Ordnungen; frei von Wettbewerbs-, Rentabilitäts- und Margendruck und primär der Schöpfung und dem Leben dient. Durch Gebet und christliche Grundsätze lassen sich Gottes Gesalbte bei allen Entscheidungen von ihrem himmlischen König und Heiland Jesus Christus leiten. So entsteht im Einklang mit der Verheißung „neuer Himmel und einer neuen Erde" eine einzigartige, neue Weltordnung, die Gottes Weisheit und Souveränität widerspiegelt und die deutlich sichtbar und spürbar werden lässt, das Gottes Wille auf Erden geschieht (2. Petrus 3:13).

Christus, der König des himmlischen Königreiches Gottes, ist von Jesaja vorausschauend als: „Wunderbarer Ratgeber, starker Gott, Ewigvater und Fürst des Friedens" bezeichnet worden. Diese glorreiche Namensgebung für Christus und seine überragende Stellung als Weltführer und Friedensstifter trifft in untergeordneter Weise auch auf seine gesalbten Königreichsvertreter auf der Erde zu. Als künftiger Teil der „neuen Himmel" werden sie Christus würdig vertreten und seine segensreiche Königreichsmacht auf vielfältige Weise zum Ausdruck bringen. Jesaja prophezeite über die messianische Königreichsherrschaft: „Für die Fülle der fürstlichen Herrschaft und den Frieden wird es kein Ende geben" (Jesaja 9:6-7).

Ja – unter der messianischen Königreichsführung wird Gerechtigkeit triumphieren und wahrer, bleibender Frieden hergestellt werden: Christi gesalbte Vertreter werden dafür sorgen, dass der Ertrag und die Ressourcen der Erde allen Menschen gleichermaßen zu Gute kommen und den berechtigten Wünschen und Belangen aller Erdbewohner entsprochen wird. Jesaja wurde inspiriert darüber zu schreiben: „Und er wird nicht nach bloßem Augenschein richten noch einfach gemäß dem zurechtweisen, was seine Ohren hören. Und mit Gerechtigkeit wird er die Geringen richten, und mit Geradheit wird er Zurechtweisung erteilen müssen zugunsten der Sanftmütigen der Erde…" (Jesaja 11:1-5)… „Und er wird gewisslich Recht sprechen unter den Nationen und die Dinge richtigstellen hinsichtlich vieler Völker" (Jesaja 2:4a).

Christi gesalbte Vertreter werden Mittler endloser Königreichssegnungen sein und alle Völker und Nationen in der Zielsetzung vereinen, der Königreichsführung Gottes zu dienen. Der Prophet Jesaja sah bereits vor 2700 Jahren einer Zeit entgegen, in der sich viele Völker und Nationen bereitwillig und demütig der Königreichsführung Gottes unterstellen: „Und es soll geschehen im Schlussteil der Tage, dass der Berg des Hauses Jehovas fest gegründet werden wird über dem Gipfel der Berge, und er wird gewisslich erhaben sein über die Hügel; und zu ihm sollen alle Nationen strömen. Und viele Völker werden gewisslich hingehen und sagen: „Kommt, und lasst uns hinaufziehen zum Berge Jehovas, zum Hause des Gottes Jakobs; und er wird uns über seine Wege unterweisen, und wir wollen auf seinen Pfaden wandeln." Denn von Zion wird das Gesetz ausgehen und das Wort Jehovas von Jerusalem. Und er wird gewisslich Recht sprechen unter den Nationen und die Dinge richtigstellen hinsichtlich vieler Völker. Und sie werden ihre Schwerter zu Pflugscharen schmieden müssen und ihre Speere zu Winzermessern. Nation wird nicht gegen Nation das Schwert erheben, auch werden sie den Krieg nicht mehr lernen" (Jesaja 2:2-4). Siehe auch Psalm 46:8-9: „Seht die Taten Jehovas, … Kriege lässt er aufhören bis an das äußerste Ende der Erde …"

So wird Frieden auf Erden unter Menschen guten Willens hergestellt werden (Lukas 2:14).

Wie beglückend und motivierend wird es sein, einer **wirklichen** Weltgemeinschaft anzugehören, die in Anbetung und Glauben vereint ist; die der Wegleitung Gottes folgt und gemeinsam sein weltumspannendes Heil- und Wiederherstellungsvorhaben auf der Erde verwirklicht. Das muss auf ergreifende und Ehrfurcht einflößende Weise paradiesisch schön sein!

Die Psalmisten des 37. und 72. Psalms schrieben prophetisch über die geeinte Menschheit während der messianischen Friedensherrschaft: „Die Sanftmütigen werden die Erde besitzen und sie werden ihre Freude haben an der Fülle des Friedens" (Psalm 37:11). „In seinen Tagen wird der Gerechte sprossen und Fülle von Frieden, bis der Mond nicht mehr ist" (Psalm 72:7).

In der Heiligen Schrift wird die von ihrer Gottesferne erlöste, Gott zugewandte Menschheit sinnbildlich als „neue Erde" bezeichnet, und die von Gott eingesetzte himmlische Königreichsregierung als „neue Himmel". Wenn in naher Zukunft die „neuen Himmel" über die „neue Erde" regieren werden, beginnt sich der Lobpreis Davids in Psalm 145:15-16 buchstäblich zu erfüllen, wo es heißt: „Du öffnest deine Hand und sättigst das Begehren alles Lebenden." Dann wird den geistigen, physischen und materiellen Bedürfnissen der Menschheit in reichem und gerechtem Maße entsprochen werden.

Durch den heiligenden Einfluss der „neuen Himmel" wird auch das urchristliche Heilsgeschehen in weltweitem Umfang wiederbelebt werden. Das Heilsgeschehen in den Tagen des Urchristentums vermittelt eine beeindruckende Vorschau auf das, was durch Gottes Heiligen Geist bald in großem Umfang bewirkt werden wird. Tatsächlich – wird durch Gottes Königreich das „verlorene Paradies" für die Menschheit wiederhergestellt werden und alle damit verbundenen göttlichen Segnungen.[20]

Der Prophet Jesaja beschreibt in seinem Bibelbuch die wunderbaren Lebensverhältnisse unter der wiederhergestellten „reinen" Anbetung. Seine Wiederherstellungsprophezeiung erfüllte sich erstmalig in alttestamentarischer Zeit, als das jüdische Bundesvolk Gottes aus babylonischer Gefangenschaft entlassen wurde und in Jerusalem den Tempel und die „reine" Anbetung wiederherstellte.

Bald wird sich die Wiederherstellungsprophezeiung Jesajas in großem Umfang erfüllen und die „reine" Anbetung Erden weit wiederhergestellt werden. Auf diese in greifbare Nähe gerückte, segensreiche Zeit dürfen wir uns von Herzen freuen.

---

20 Siehe Quellenverzeichnis: „Die Offenbarung. Ihr großartiger Höhepunkt ist nahe", Seite 303 und Wachtturm vom 01.10.2014 - „Das Reich Gottes", Seite 4-7

Das folgende Kapitel beleuchtet die herrliche Wiederherstellungsprophezeiung Jesajas und ihre nahende neuzeitliche Erfüllung. Öffnen Sie beim Lesen der folgenden Seiten Ihr Herz und genießen die herrliche Vorfreude künftiger Dinge. Glauben Sie ganz fest an Gottes Verheißung von einer neuen und gerechten Welt.

Gott Vater hat es versprochen und wird es, auf unsere Glaubenskraft gestützt, auch verwirklichen.

Erdenweite Wohlfahrt unter Gottes Königreich

„Und sie werden ihre Schwerter zu Pflugscharen schmieden müssen
und ihre Speere zu Winzermessern.
Nation wird nicht gegen Nation das Schwert erheben,
auch werden sie den Krieg nicht mehr lernen."   (Jesaja 2:4)
„Und sie werden tatsächlich sitzen, ein jeder unter seinem Weinstock
und unter seinem Feigenbaum, und da wird keiner sein,
der sie aufschreckt, denn der Mund Jehovas der Heerscharen
hat es geredet."   (Micha 4:4)

„Es wird Fülle an Getreide auf der Erde geben;
auf dem Gipfel der Berge wird Überfluss sein." (Psalm 72:16)

„Die Wildnis und die wasserlose Gegend werden frohlocken,
und die Wüstenebene wird voller Freude sein
und blühen wie der Safran." (Jesaja 35:1)

„Zu jener Zeit wird der Lahme klettern wie ein Hirsch,
und die Zunge des Stummen wird jubeln." (Jesaja 35:6)

„Kein Bewohner wird sagen: „Ich bin krank." (Jesaja 33:24)

„Und der Tod wird nicht mehr sein …" (Offenbarung 21:4)

„Nicht mehr wird es dann von jenem Ort einen Säugling
von wenigen Tagen geben noch einen alten Mann,
der seine Tage nicht erfüllt….Denn gleich den Tagen eines Baumes
werden die Tage meines Volkes sein; und das Werk ihrer eigenen Hände
werden meine Auserwählten verbrauchen." (Jesaja 65:20, 22b)

„Der Wolf und das Lamm selbst werden einträchtig weiden,
und der Löwe wird Stroh fressen so wie der Stier;
und was die Schlange betrifft, ihre Speise wird Staub sein." (Jesaja 65:25)

12. Erdenweite Wohlfahrt unter Gottes Königreich

„Unser Vater in den Himmeln,

dein Name werde geheiligt.

Dein Königreich komme.

Dein Wille geschehe wie im Himmel,

so auch auf der Erde.

…………………

…………….

Denn dein ist das Reich und die Kraft

und die Herrlichkeit in Ewigkeit.

Amen."

(Matthäus 6:13)

Bald schon wird ein Zeitalter anbrechen, in der segensreiche Lebensverhältnisse herbeigeführt werden, wie es sie noch nie auf der Erde gegeben hat. Jesaja prophezeite über die erdenweite Wohlfahrt unter der messianischen Friedensherrschaft: „Denn siehe, ich schaffe neue Himmel und eine neue Erde; und die früheren Dinge werden nicht in den Sinn gerufen werden, noch werden sie im Herzen aufkommen. Doch frohlockt und freut euch immerdar über das, was ich schaffe. Denn siehe, ich schaffe Jerusalem als Ursache zur Freudigkeit und ihr Volk als Ursache zum Frohlocken. Und ich will mich über Jerusalem freuen und über mein Volk frohlocken; und nicht mehr wird darin der Laut des Weinens und der Laut eines Klageschreis gehört werden." „Nicht mehr wird es dann von jenem Ort einen Säugling von wenigen Tagen geben noch einen alten Mann, der seine Tage nicht erfüllt; denn obwohl hundert Jahre alt, wird einer noch als Knabe sterben, … Denn gleich den Tagen

146

eines Baumes werden die Tage meines Volkes sein; und das Werk ihrer eigenen Hände werden meine Auserwählten verbrauchen… Und es wird tatsächlich geschehen, bevor sie rufen, dass ich selbst antworten werde; während sie noch reden, werde ich selbst hören.

Der Wolf und das Lamm selbst werden einträchtig weiden, und der Löwe wird Stroh fressen so wie der Stier; und was die Schlange betrifft, ihre Speise wird Staub sein. Sie werden nicht Schaden tun noch irgendwelches Verderben anrichten auf meinem ganzen heiligen Berge", hat Jehova gesprochen (Jesaja 65:17-25).

Gemäß den Versen 18 und 19 erfüllte sich die Prophezeiung Jesajas erstmals an Gottes auserwähltem Volk Juda in alttestamentarischer Zeit (537 v.u.Z.). Wie erfüllte es sich?

Die Prophezeiung erfüllte sich, als Jehova Gott seinem Volk nach 70 Jahren babylonischer Gefangenschaft (Reue- und Umkehrzeit) die Rückkehr in sein Heimatland Juda und die Wiederherstellung seiner Anbetung und seines heiligen Bundesverhältnisses gewährte. Nachdem das Land über viele Jahre verödet dagelegen hatte und eine Wildnis geworden war, ruhte nun der Geist Gottes wieder auf seinem Volk und dessen heiliger Anbetungsstätte. Wie die Geschichte beweist, erfüllten sich die segensreichen Prophezeiungen Jesajas auf wunderbarer Weise an Gottes wiederhergestelltem Volk in dem Jahrhundert nach seiner Freilassung aus Babylon (Jesaja 60:18-22).

Doch die Prophezeiung Jesajas sollte sich in noch größerer Weise erfüllen. Darauf weisen Parallelverse in den neutestamentarischen Schriften hin, die denen Jesajas entsprechen:[21] „Doch gibt es einen neuen Himmel und eine neue Erde, die wir gemäß Gottes Verheißung erwarten, und in diesen wird

---

21 Siehe „Die Prophezeiung Jesajas", Band 2, Seite 372, 381-389

Gerechtigkeit wohnen" (2. Petrus 3:13). Das schrieb Petrus über die nahende weltweite Wiederherstellung der „wahren" Anbetung mit ihren überströmenden Segnungen für die Menschheit und den Planeten Erde.

Gemäß der Parallelvision des Apostels Johannes lesen wir dazu in Offenbarung 21, Verse 1-4: Und ich sah einen neuen Himmel und eine neue Erde; denn der frühere Himmel und die frühere Erde waren vergangen …Ich sah auch die heilige Stadt, das Neue Jerusalem, von Gott aus dem Himmel herabkommen … Dann hörte ich eine laute Stimme vom Throne her sagen: „Siehe! Das Zelt Gottes ist bei den Menschen, und er wird bei ihnen weilen, und sie werden seine Völker sein. Und Gott selbst wird bei ihnen sein. Und er wird jede Träne von ihren Augen abwischen, und der Tod wird nicht mehr sein, noch wird Trauer, noch Geschrei, noch Schmerz mehr sein. Die früheren Dinge sind vergangen."

Diese Trost spendenden, zu Herzen gehenden Worte lassen erahnen, was für einzigartige Heilsvorkehrungen Gott Vater in seiner neuen Weltordnung für uns bereithält. Auf den folgenden Seiten werden die einzelnen Aspekte seines wunderbaren Wiederherstellungsvorhabens detailliert beleuchtet.

12.1 Weltweiter Frieden und Einheit in der Gottesanbetung

„Und sein (Christi) Name wird genannt werden:
Wunderbarer Ratgeber, Starker Gott, Ewigvater,
Fürst des Friedens.
Für die Fülle der fürstlichen Herrschaft und den Frieden
wird es kein Ende geben…
um es (sein Königreich) fest aufzurichten und es zu stützen
durch Recht und durch Gerechtigkeit von nun an
und auf unabsehbare Zeit…"   (Jesaja 9:6b-7)

„Herrlichkeit Gott in den Höhen droben
und Friede auf Erden unter Menschen guten Willens."
(Lukas 2:14, Jesaja 2:4)

Gemäß den Worten des Propheten Jesaja werden sich im „Schlussteil der Tage" viele Völker der messianischen Königreichsführung Gottes unterstellen, einer gesalbten Gruppe von priesterlichen Regenten, die er für sein Königreich aus der Menschheit auserwählt hat (Jesaja 2:2-4).

Diese göttliche Verheißung mag angesichts der religiösen und der politischen Uneinigkeit in der Welt unglaubhaft erscheinen. Dennoch dürfen wir der vollkommenen Prophetie des Allmächtigen vertrauen, der durch seine Propheten das Weltgeschehen und die theokratische Rückbesinnung der Menschheit erstaunlich präzise vorhergesagt hat:

Denken wir zum Beispiel an die Prophezeiung Daniels über die aufsteigenden Weltmächte, die sich bis ins Detail genau erfüllt hat. Denken wir auch an die Fülle prophetischer Visionen, die der Apostel Johannes als Offenbarung für die „Zeit des Endes" empfing und von denen sich einige wesentliche bereits erfüllt haben: Wie zum Beispiel die Geburt des messianischen Königreiches im Himmel im Jahre 1914 unserer Zeitrechnung; sinnbildlich dargestellt in Kapitel 12 der Offenbarung. Oder die Einsammlung und Versiegelung der himmlischen Königreichserben vor dem krisenreichen Abschlussgeschehen, aufgezeichnet in Kapitel 7 der Offenbarung. Auch die bevorstehende Erfüllung der „endzeitlichen" Visionen (Offenbarung Kap. 16-19) wird auf beeindruckende Weise offenbaren, wie weise und weitsichtig Gott Vater ist und wie präzise er Vorhersagen treffen kann.

Jeder, der sich aufrichtig mit biblischer Prophetie befasst, wird feststellen, dass es nur allzu vernünftig ist, dem Wort Gottes volles Vertrauen zu schenken.

Doch gibt es auch hilfreiche Anhaltspunkte in der Prophezeiung Jesajas, anhand deren man auf den Wahrheitsgehalt seiner Worte zurückschließen kann?

Bemerkenswert und aufschlussreich sind in dieser Hinsicht zwei Aspekte seiner Prophezeiung in den Versen 1 und 2: Zum einen der Hinweis auf die sich formierende Königreichsregierung Gottes und ihre erhabene Stellung über bestehende weltliche Regierungen – im „Schlussteil der Tage". Zum anderen der Hinweis auf einsichtige, verständige Völker, die sich der Königreichsführung Gottes unterstellen. Was mag wohl die Nationen dazu veranlassen, sich der Königreichsführung Gottes zuzuwenden?

Wenn wir uns bewusst machen, was mit dem „Schlussteil der Tage" gemeint ist, liegt die Antwort greifbar nahe. Gemäß Matthäus, Kapitel 24 steht die Menschheit vor der größten Krise aller Zeiten, die allein durch menschliches Krisenmanagement nicht zu bewältigen ist. Dadurch wird die Erlösungs- und Wiederherstellungsvorkehrung Gottes an Bedeutung und Glaubwürdigkeit gewinnen und sich viele Menschen für die göttliche Wegführung öffnen. Allen Menschen rund um den Globus wird deutlich werden, was für ein Segen und Gewinn das Königreich Gottes ist, das nicht nur den Weg aus der Krise, sondern auch den zu ewigem irdischen Leben bahnt - ja, was für ein einzigartiges Heilsgeschehen sich uns auftut. Die Menschheit wird also aus einer Dringlichkeit, Einsicht und Überzeugung heraus, den Schutz der messianischen Königreichsführung ergreifen.

Friede auf Erden unter Menschen guten Willens; diese Verheißung wird sich schon bald erdenweit vor unseren Augen erfüllen. Dann wird eine im Königreichsglauben vereinte Menschheit nach geistigen göttlichen Werten streben und gemeinsam sein wunderbares Wiederherstellungsvorhaben auf der Erde verwirklichen.

In kleinem Umfang erfüllt sich die Prophezeiung Jesajas bereits heute:

Ich denke hierbei an die weltweite Bruderschaft der Zeugen Jehovas, die im Königreichsglauben vereint, loyal nach christlichen Maßstäben lebt und sowohl innerhalb, wie außerhalb der Organisation aufrichtige Nächstenliebe praktiziert. Diese kommt unter anderem durch das organisierte Verkündigen der frohen Königreichsbotschaft zum Ausdruck, wodurch mir vor 35 Jahren ein einzigartiges Erlösungs- und Heilsgeschehen zu Teil wurde. Mehr als 8 Millionen Fußstapfen Nachfolger Jesu Christi leben ihren christlichen Glauben und beweisen tagtäglich, das ein friedliches und konstruktives Miteinander von Menschen aller Hautfarben und Kulturen möglich ist. Eine wahrhaft vorbildliche theokratische Schulung und Menschenführung!

Ich denke auch an die weltweiten Gemeinschaften des Bruno Gröning Freundeskreises, die sich im Gutglauben vereint, nach geistigen göttlichen Lebensregeln ausrichten, um das Heil – die Gesundheit – am eigenen Körper zu erfahren. Die geistige Lebensschule an sich und der Liebesdienst am Nächsten – die Verbreitung und Praktizierung der geistigen Heilslehren –

sind ein Herzensanliegen aller aktiv Beteiligten und Geheilten. So konnten bereits vielen Menschen erstaunliche Hilfen und Heilungen zu Teil werden. Ein wahrhaft phänomenales Heilsgeschehen ist hier in Gang gesetzt worden, das biblische Szenen in Erinnerung ruft – mit einem herrlichen Ausblick auf künftige größere Dinge.

Die Verbundenheit, Herzlichkeit und Liebe, die in beiden Organisationen zum Ausdruck kommt, ist kennzeichnend für die „neue Erde"; eine erlöste und gläubige Menschheit, die auf den Wegen Gottes wandelt. Beide Organisationen demonstrieren **vorbildlich**, wie sich wahrer christlicher Glaube darstellt und welche heilsamen Kräfte durch den Glauben und die Glaubensausübung freigesetzt werden. Obwohl sich die Glaubensausübung beider Organisationen unterschiedlich darstellt, ist doch jede auf ihre spezifische Art und Weise hochwirksam und einzigartig. Ich bin davon überzeugt, dass die theokratische und geistige Lebensschule in Gottes neuer Weltordnung, Glaubens- und Lehrinhalte beider Organisationen in sich vereinen wird.

Wie sieht es in den anderen Lebensbereichen aus, die Jesaja in seiner Wiederherstellungs-Prophezeiung so glorreich anspricht. Gibt es auch hier erkennbare Bestrebungen für verantwortungsvolles christliches Engagement? Welches aufrichtige Engagement, welche wegweisende Pionierarbeit zum Schutz der Umwelt und der Erhaltung der Lebensgrundlagen ist bereits Bestandteil des heutigen Wirtschafts- und Erwerbslebens?

Welches ökologische und technische „Know how" dient bereits natürlichen, nachhaltigen Wirtschaftsweisen, die die gottgeführte Welt von morgen in großem Umfang prägen wird?

Ja, wie wird sich das Leben in Gottes neuer Ordnung darstellen?

Dazu mehr in den folgenden Kapiteln.

12.2 Auf dem Gipfel der Berge wird Überfluss sein

„Es wird Fülle an Getreide auf der Erde geben;

auf dem Gipfel der Berge wird Überfluss sein."

(Psalm 72:16)

(siehe auch Jesaja 65:21-22)

Unter der Herrschaft Christi und seiner Mitregenten wird es zu einer „Wiedererschaffung" der idealen Lebensbedingungen kommen, die das erste Menschenpaar ursprünglich auf der Erde hatte.

Schauen wir uns die erdenweite Wohlfahrt unter der messianischen Königreichsführung genauer an und versuchen, die Einzigartigkeit dieser segensreichen Zeit zu erforschen.

Zu den wunderbaren Königreichssegnungen gehört ein weltweit großes Nahrungsmittelangebot. Psalmisten schrieben über die reiche Ernte und die gute Versorgung aller Erdbewohner in Gottes neuer Ordnung: „Es wird Fülle an Getreide geben; auf dem Gipfel der Berge wird Überfluss sein" (Psalm 72:16). „Die Erde selbst wird bestimmt ihren Ertrag geben; Gott, unser Gott wird uns segnen" (Psalm 67:6).

Was wird den Schöpfer veranlassen, die Menschen in so reichem Maße mit Ertrag zu segnen?

Sicherlich segnet er ihre Vorgehensweise beim Anbau von Nahrungsmitteln; durch die in seinen Augen rechte Wirtschaftsweise, die im Einklang ist mit der Natur und den Naturkreisläufen. Welcher Wirtschaftsweise sollten sich die Menschen daher verstärkt zuwenden? Und was wird noch dazu beitragen, den Erdertrag um ein Vielfaches zu mehren und die Versorgung aller Menschen zu gewährleisten?

Zweifellos ist der biologische Anbau von landwirtschaftlichen Erzeugnissen ein bedeutender Baustein in Gottes neuer Weltordnung. Wenden wir uns **ganzherzig** dieser Wirtschaftsweise zu und trennen uns von der kommerziellen, chemisch-synthetischen Massenerzeugung landwirtschaftlicher Produkte, die fremdkörperartig in den harmonischen Naturkreislauf eingreift und die natürlichen Kräfte ausbremst. Bauen wir die Erfahrungen, Kenntnisse und Studien über den biologisch-dynamischen Anbau aus und nutzen die gewinnbringenden **natürlichen** Möglichkeiten, um die Fruchtbarkeit und Widerstandskraft der Böden zu steigern und den Pflanzenschutz von innen heraus zu aktivieren. Geschlossene Kreisläufe und Bewirtschaftung im Einklang mit Natur und Kosmos sorgen für wertvolle Böden und gesunde Pflanzen.

Als Beispiele seien hier nur genannt: Aussaat unter Berücksichtigung des Mondkalenders zwecks Ertragssteigerung, sowie Mischanbau und organische Düngung, um den natürlichen Pflanzenschutz zu aktivieren.

Ökolandwirtschaft wird bereits von vielen Landwirten, aus einer aufrichtigen Grundüberzeugung heraus, erfolgreich am Markt betrieben. Viele haben sich Bio-Anbauverbänden angeschlossen und produzieren nach anspruchsvollen ökologischen Standards hochwertige, reine Erzeugnisse zu fairen Preisen. Angesichts der Mehrarbeit ist es für einen Ökolandwirt nicht leicht, ökonomisch zu bestehen. Das notwendige Durchhaltevermögen werden nur die Landwirte aufbringen, die mit ganzem Herzen und voller Überzeugung für ökologische Werte eintreten. Jedem Ökolandwirt kann man für sein ökologisches Engagement nur danken und hohen Respekt zollen. Das gilt auch für die vielen kleinen Selbstversorger und Hobbygärtner, die mit ihrem biologischen Anbau „Mutter Erde" schon immer gedient haben. Ich profitiere selbst von einer Biogärtnerin, die große und aromatische Früchte erntet, dass man nur so staunen kann.

Säen wir also im Einklang mit den **natürlichen** Möglichkeiten und düngen mit Gottes Segen, dann fahren wir eine nicht für möglich gehaltene ertragreiche Ernte ein.

In Gottes neuer Weltordnung werden wir uns sicherlich auch von Massentierhaltung und Monokulturen verabschieden. Nicht nur, weil es unwirtschaftlich ist, große landwirtschaftliche Nutzflächen für die Tierfutter- und Fleischproduktion bereitzustellen, sondern, weil der Wunsch Fleisch zu verzehren, nicht mehr wie in heutigem Umfang gegeben sein wird. Menschen, die in „Gottes Ruhe" eingegangen sind und zudem ein enges und liebevolles Verhältnis zur Tierwelt pflegen, werden eine zunehmend vegetarische Esskultur entwickeln. Gewiss wird also der zunehmende landwirtschaftliche Anbau für die Direktversorgung der Menschheit dazu beitragen, den von Jesaja prophezeiten Überfluss an Nahrungsmitteln hervorzubringen.

Dazu wird auch die Urbarmachung von Wildnis und Wüste beitragen, wie von Jesaja in Kapitel 35, Verse 1-2, 6 b-7 vorausgesagt: „Die Wildnis und die wasserlose Gegend werden frohlocken, und die Wüstenebene wird voller Freude sein und blühen wie der Safran. Sie wird ganz bestimmt blühen, und sie wird tatsächlich mit Fröhlichkeit und mit Jubelrufen frohlocken ... Denn in der Wildnis werden Wasser hervorgebrochen sein und Wildbäche in der Wüstenebene. Und der von Hitze ausgetrocknete Boden wird wie ein Schilfteich geworden sein und der durstige Boden wie Wasserquellen. An dem Aufenthaltsort von Schakalen, einem Ruheort für sie, wird es grünes Gras mit Schilfrohr und Papyruspflanzen geben."

Nicht zuletzt wird der Erdertrag auch durch Gottes Heiligen Geist gemehrt werden. Jesus Christus demonstrierte das auf seinen Predigtreisen, als er große Menschenmengen aus wenig Nahrungsproviant speiste und von dem

Übriggebliebenen noch viele Körbe füllte. Er setzte Gottes wirksame Kraft ein, um Nahrung in außergewöhnlicher Weise zu mehren. Ein erstaunliches Wunder, das er aus eigener Kraft nicht hätte wirken können (Matthäus 14:16-21; 15:32-38; Lukas 9:13-17). So wird es auch in der messianisch geführten neuen Weltordnung sein: Gott Vater wird die erlöste, ihm zugewandte Menschheit segnen; mit seiner geistigen Unterstützung Leistungen und Ziele ermöglichen, die unser derzeitiges Vorstellungsvermögen weit übertreffen. Gott selbst wird also dazu beitragen, alle jetzt Lebenden und Auferstandenen mit einem reichen Nahrungsmittelangebot zu versorgen.

12.3

Einfluss auf die Naturgewalten

Da brach ein heftiger Windsturm los,

und die Wellen schlugen immer wieder in das Boot,

sodass sich das Boot beinahe füllte. . .

Da richtete er (Jesus) sich auf und schalt den Wind

und sprach zum Meer: Schweig! Sei still!"

Und der Wind legte sich, und eine große Stille trat ein.

Dann sagte er zu ihnen (seinen Jüngern):

„Warum seid ihr verzagt? Habt ihr noch keinen Glauben?"

Da befiel sie eine außergewöhnliche Furcht,

und sie sprachen zueinander: „Wer ist denn dieser,

dass ihm sogar der Wind und das Meer gehorchen?"

(Markus 4:35-41)

Zweifellos ein atemberaubendes Schauspiel, dass sich den Jüngern Jesu hier bot.

Jesus demonstrierte mit dieser eindrucksvollen Macht Tat, wie er Gottes Heiligen Geist über die Naturgewalten einsetzte.

Da der Heilige Geist die Kraft hinter der verheißenen neuen Weltordnung ist, können wir erwarten, dass auch künftige Naturereignisse, Wetter- und Klimaanomalien in Schranken gehalten werden.

Jesu Jünger waren überwältigt von der Macht, die Jesus über Wind und Meer ausübte. Doch versicherte er ihnen, dass sie ähnliches bewirken könnten, wenn sie nur tiefen Glauben aufbringen würden. Demnach wird der Heilige Geist Gottes in erlösten, gläubigen Menschen wirksam.

Eine Gemeinschaft von Gläubigen, die diese wirksame Kraft in kollektivem Gebet und kollektiver Einstellung einsetzt, wird christusähnliche Wunder wirken, wie er machtvoll und stark sein (Johannes 14:12).

Ist es nicht wirklich wunderbar zu wissen, dass wir mit der Hilfe Gottes alle Probleme der Welt lösen werden? Ist es nicht großartig, dass er uns den Rückhalt und die Kraft zusichert, um scheinbar unmögliches möglich zu machen?

12.4 Wahrung der Lebensgrundlagen – Liebe zur Schöpfung

„Sie werden nicht Schaden tun

noch irgendwelches Verderben anrichten

auf meinem ganzen heiligen Berge,

hat Jehova gesprochen.“

(Jesaja 65: 25b)

In der neuen Weltordnung wird alles getan werden, um die Schöpfung Gottes und ihre Lebensgrundlagen zu wahren. Dabei wird die Menschheit ihre Wertschätzung und Liebe für göttliche Werte in vollem Umfang zum Ausdruck bringen können.

In welchen Kernbereichen muss sich was grundlegend ändern, um göttlichen Maßstäben zu entsprechen?

Bestimmt wird das Thema Energiepolitik ganz oben auf der Tagesordnung stehen und alle Treibhausemissionen um ein Vielfaches schneller reduziert werden, wie es derzeit zwischen den Industrienationen ausgehandelt ist. Um dem Klimakollaps zu begegnen müssen die Emissionen schleunigst heruntergefahren werden – auf allen Ebenen des privaten und wirtschaftlichen Lebens. Umwelt- und Klimaschutz darf nicht länger Nebensache sein, sondern muss absoluten Vorrang haben!

Lösen wir uns von den Klimakillern Öl, Gas und Kohle und stellen vollständig um auf erneuerbare Energien wie Sonne, Wind, Biomasse und Erdwärme, die uns in unerschöpflichem Maße zur Verfügung stehen. Das „Know how“ und die Technologie sind vorhanden. Wenden wir es an und bauen es weiter aus – darauf ruht der Segen Gottes.

In Gottes neuer Ordnung werden erneuerbare Energien und Biotechnologie flächendeckend zum Einsatz kommen und laufend weiterentwickelt und optimiert werden. Nach einer gewissen Umstrukturierungszeit wird es nur noch Energiespar- und Passivhäuser geben und eine Selbstversorgung mit erneuerbaren Energien möglich sein.

Wer aus wirtschaftlichen Interessen behauptet, mit alternativen Energien könne man die weltweite Energieversorgung nicht sicherstellen, der sollte sich einen Vortrag von Dr. Franz Alt zu dieser Thematik anhören oder eines seiner Bücher[22] lesen, und sich eines Besseren belehren lassen. Wir haben nicht mehr die Wahl, sondern wir müssen schleunigst umstellen, wenn wir unseren einzigartigen Planeten wahren wollen.

Auch werden im Zuge eines globalen Bewusstseins- und Wertewandels alternative Lebens- und Wirtschaftsstrukturen entstehen, die eine regionale Versorgung und Beschäftigung der Menschen vor Ort ermöglichen. So wird der Straßenverkehr und die damit verbundene Lärm- und Abgasbelastung erheblich reduziert werden (Jesaja Kap. 65:21-22).

Auch wird es während der Urlaubszeit keine langen Blechlawinen und Staus mehr auf den Autobahnen geben. – Nicht nur, weil die Menschen auf umweltfreundliche Verkehrsmittel umsteigen, sondern auch, weil Reisefieber und Aktionismus abnehmen werden. Die erlöste, Gott zugewandte Menschheit wird große Wertschätzung für geistige und theokratische Dinge entwickeln; bewusster, spiritueller und introvertierter leben als bisher – Glück und Erfüllung in der Gott- und Naturverbundenheit suchen. Sie wird Gottes Wiederherstellungsvorhaben nach besten Kräften unterstützen, um auf dem Weg des ewigen irdischen Lebens voranzudrängen. Sie wird der goldenen

---

22 „Lust auf Zukunft: Wie unsere Gesellschaft die Wende schaffen wird" - Gütersloher Verlagshaus

Lebensweisheit unseres Königs und Heilands Christus Jesus folgen, der sagte: „So fahrt denn fort, zuerst das Königreich und Seine Gerechtigkeit zu suchen, und alle anderen Dinge werden euch hinzugefügt werden" (Matthäus 6:33). Und: „Das ist aber das ewige Leben, dass sie dich, der du allein wahrer Gott bist, und den du gesandt hast, Jesus Christus, erkennen" (Johannes 17:3, Luther- Übersetzung).

Eine geistig gesinnte Menschheit ist weniger an materiellem Besitzstreben interessiert – auch das hilft Energie zu sparen und wertvolle Ressourcen zu schonen. So werden Verantwortliche in Politik und Wirtschaft den Umwelt- und Klimaschutz aus tiefer Überzeugung zur Chefsache machen und jeder aus dem Herzen heraus, bereitwillig seinen persönlichen Beitrag zum Schutz unserer „Mutter Erde" leisten.

12.5 Erlösung von Krankheit und Tod

> Und kein Bewohner wird sprechen:
>
> „Ich bin krank".
>
> (Jesaja 33:24)

Unglaublich, aber wahr!

In Gottes neuer Weltordnung werden Krankheit und Tod vollständig besiegt werden. Jesaja prophezeite über diese segensreiche Zeit: Und kein Bewohner wird sprechen: „Ich bin krank." Dem Volk, das in dem Lande wohnt, wird sein Vergehen verziehen sein (Jesaja 33:24). „Zu jener Zeit werden die Augen der Blinden aufgetan werden, und die Ohren der Tauben selbst werden geöffnet werden. Zu jener Zeit wird der Lahme klettern wie ein Hirsch, und die Zunge des Stummen wird jubeln" (Jesaja 35:5-6).

Die Prophezeiung Jesajas fand eine erste neuzeitliche Erfüllung mit dem Kommen Jesu Christi. Zu Beginn seines irdischen Dienstes las Jesus aus der Buchrolle Jesajas vor, wo über den Messias geschrieben steht: „Der Geist des Herrn Jehova ist auf mir, weil er mich gesalbt hat, um den Armen gute Botschaft zu verkünden, er hat mich ausgesandt, um den Gefangenen Freilassung zu predigen und den Blinden Wiederherstellung des Augenlichts, um die Zerschlagenen als Freigelassene wegzusenden, um Jehovas annehmbares Jahr zu predigen …"(Lukas 4:17-19; Jesaja 61:1-3a). Damit gab er sich als der Erlöser und Heiland der Menschheit zu erkennen und nahm Bezug auf den Hauptzweck seines irdischen Dienstes; die Ankündigung von Gottes nahendem Königreich und die damit verbundene Ausgießung von Königreichssegnungen.

Als die Jünger des Täufers Johannes ihn fragten: „Bist du der Kommende, oder sollen wir einen anderen erwarten?", sagte er: „Geht hin und berichtet dem Johannes, was ihr hört und seht: Blinde sehen wieder, und Lahme gehen umher, Aussätzige werden gereinigt, und Taube hören, und Tote werden auferweckt, und Armen wird die gute Botschaft verkündet; und glücklich ist, wer nicht Anstoß an mir nimmt" (Matthäus 11:2-6). Mit seiner organisierten Königreichsverkündigung und seinen Wunder- und Machttaten gab er eine Vorschau auf die segensreichen Weltverhältnisse während seiner nahenden himmlischen Königreichsmacht über die Erde.

Das eigentliche Erlösungs- und Heilsgeschehen begann also erst nach der Hingabe und Auferstehung Jesu Christi ab Pfingsten 33 u.Z. Paulus hebt in seinem Brief an die Römer (Kap. 5:18-19, Luther- Übersetzung) die große Bedeutung der Hingabe Christi für das Erlösungsgeschehen der Menschheit hervor. Er verdeutlicht, dass Christus mit diesem Akt der Rechtfertigung für alle Menschen das zurückgekauft hat, was Adam verwirkte; die Gottesnähe und das ewige irdische Leben (siehe auch Markus 10:45).

Die Liebe Gottes, die durch Christus wirksam wurde, erlöste und heiligte seinerzeit viele christusgläubige Menschen. Der Nutzen seines Loskaufs Opfers blieb jedoch vom Jahre 33 u.Z. bis in die Neuzeit hinein vorrangig 144 000 auserwählten Gliedern der Menschheit vorbehalten, den Erben der himmlischen Königreichsregierung Gottes. Sie vermochten einen unmittelbaren Nutzen aus der Loskaufs-Vorkehrung Gottes zu ziehen. Der Überrest dieser geistgesalbten Klasse, der heute noch auf der Erde lebt, tritt als Mittler für das nahende Erlösungs- und Heilsgeschehen der allgemeinen Menschheit ein, das sich im Schlussteil der bestehenden Weltordnung ereignen wird. Somit darf Jesus Christus zu Recht als Erlöser und Retter der ganzen Welt bezeichnet werden.

Wenn die Menschheit Gott gegenüber zum Leben gekommen ist, wird sich die Wiederherstellungsprophezeiung Jesajas in vollem Umfang erfüllen. Dann beginnt die messianische Königreichsherrschaft, die mit endlosen Segnungen für die Menschheit verbunden ist. Dann wird Christus den Wert seines Loskaufs Opfers „zur Heilung der Nationen" anwenden und das urchristliche Heilsgeschehen in weltweitem Umfang fortsetzen. Ja – dann werden erfreuliche Nachrichten über Heilungen und Auferweckungen an der Tagesordnung sein.

Der Apostel Johannes sah in einer herrlichen Vision dieser segensreichen Zeit entgegen. Er hörte eine laute Stimme vom Throne her sagen: „Siehe! Das Zelt Gottes ist bei den Menschen, und er wird bei ihnen weilen, und sie werden seine Völker sein. Und Gott selbst wird bei ihnen sein. Und er wird jede Träne von ihren Augen abwischen, und der Tod wird nicht mehr sein, noch wird Trauer, noch Geschrei, noch Schmerz mehr sein. Die früheren Dinge sind vergangen" (Offenbarung 21:3-4).

Wie begeisternd und motivierend wird es sein, das eigene und das Heilsgeschehen anderer zu erleben, von den Erfolgsmeldungen und Fortschritten der Königreichsorganisation Gottes angespornt und mitgezogen zu werden. Ja – diese positive Grundstimmung allein wird dem Werk schon gewaltigen Auftrieb geben.

Ich sehe das zukünftige Heilsgeschehen bereits vor meinem geistigen Auge: wie auf Glaubenskongressen in großen Sportstadien die Menschen außer sich sind vor Freude - nicht über einen Ball, der ins Tor fliegt - sondern über das begeisternde, sichtbare Heilsgeschehen vor Ort. Wie euphorische Begeisterungsstürme ausgelöst werden, wenn die Erfolgsmeldungen anderer internationaler Kongresszentren eintreffen, wo Menschen zeitgleich gebetet und sich auf den Heiligen Geist Gottes „eingestellt" haben. Ja – mit Gottes messianischem Königreich gehen wir einem geistigen Zeitalter und einer einzigartigen Weltordnung entgegen, die alles bisher da gewesene in den Schatten stellen wird.

Gott Vater wird durch seine geistgesalbten Vertreter auf der Erde für eine Fülle von Heilsvorkehrungen sorgen, um die Menschheit in den vollkommenen Urzustand zurückzuführen. Freuen wir uns auf Gottes Maßnahmen „zur Heilung der Nationen"; auf ein großes theokratisches und geistiges Schulungswerk; auf „Einstellreisen" und Gottesbegegnungen und auf beglückende Lebens- und Arbeitsverhältnisse für alle Menschen (Offenbarung 22:1-2). Die Heilige Schrift sichert uns zu, dass die ererbte Sterblichkeit während der 1000- jährigen Wiederherstellungszeit vollständig besiegt – und der Tod nicht mehr sein wird (Jesaja 25:7-8; Offenbarung 21:4; Markus 10:45; Römer 5:18-19). Was für eine beglückende Zukunftshoffnung!

Wir stehen heute an der Schwelle zum messianischen Königreich und können sehen, wie sich all diese wunderbaren Dinge zu erfüllen beginnen. Das stetig zunehmende Heilsgeschehen „auf geistigem Weg" lässt erahnen, wie nahe wir Gottes neuer Weltordnung gekommen sind und welch einer segensreichen Zeit wir entgegengehen.

12.6

Deine Toten werden leben

„Wundert euch nicht darüber, denn die Stunde kommt,
in der alle, die in den Gedächtnisgrüften sind,
seine Stimme hören und herauskommen werden ..."
(Johannes 5:28-29)

Die Auferstehung Verstorbener zu ewigem irdischen Leben ist zweifellos die größte Königreichssegnung und stellt Gottes vollkommene Wiederherstellungskraft auf eindrucksvolle Weise dar.

Gemäß den Schriftstellen Lukas 8:52-55 und Johannes 11:11-15 betrachtet Jesus Christus Verstorbene als schlafende oder ruhende Personen, die ins irdische Leben zurückgerufen werden können. Er demonstrierte vor vielen Augenzeugen mit welcher Leichtigkeit es ihm möglich ist, im Todesschlaf ruhende Menschen aufzuerwecken (Matthäus 22:32). Der Vorsatz Gottes, Entschlafene ins irdische Leben zurückzubringen, ist eng an seine und unsere Sehnsucht geknüpft, vertrauten Menschen nahe zu sein (Hiob 14:14-15). Tatsächlich könnte unsere Königreichsfreude nicht vollkommen gemacht werden, würden wir sie nicht mit geliebten Menschen teilen können. Der Tod ist also nicht das Ende, sondern nur eine Unterbrechung des irdischen Lebens.[23] Lediglich für Glieder der Königreichsklasse hat Gott Vater eine hiervon abweichende Auferstehungsvorkehrung vorgesehen, wie noch deutlich werden wird.

---

23 s. Wachtturm vom 01.08.2015: „Der Tod, Abschied für immer? Seite 4-8

Die Heilige Schrift berichtet von neun Auferweckungen, die zusammen mit den Aussagen Jesu und seiner Apostel die Grundlage bilden für den Glauben an die Auferstehung.

Jesus Christus sagte von sich: „Ich bin die Auferstehung und das Leben. Wer Glauben an mich ausübt, wird zum Leben kommen, auch wenn er stirbt; und jeder, der lebt und Glauben an mich ausübt, wird überhaupt nie sterben (Johannes 11:25-26). Der Apostel Paulus nahm mit folgenden Worten darauf Bezug: „Nun aber ist Christus von den Toten auferweckt worden, der Erstling derer, die im Tode entschlafen sind. Denn da der Tod durch einen Menschen gekommen ist, kommt auch die Auferstehung der Toten durch einen Menschen. Denn so, wie in Adam alle sterben, so werden auch in dem Christus alle lebendig gemacht werden. Jeder aber in seiner eigenen Rangordnung: Christus, der Erstling, danach die, die dem Christus angehören während seiner Gegenwart. Als nächstes das Ende …"(1. Korinther 15:20-22).

Dass die durch Christus erwirkte Auferstehungshoffnung himmlischer und irdischer Natur ist, wird deutlich, wenn man die biblischen Auferweckungen genauer betrachtet und weitere Schriftstellen hinzuzieht. Die Auferweckungen sind in den folgenden Schriftstellen nachzulesen:

1. Könige	17:17-24	Apostelgeschichte	9:36-42
2. Könige	4:32-37	Apostelgeschichte	20: 7-12
2. Könige	13:20-21	Johannes	11:38-44
Matthäus	28:5-7	Lukas	7:11-17; 8:40-56

Acht der neun aufgezeichneten Auferweckungen weisen auf das irdische Auferstehungsgeschehen hin. Sie ereigneten sich sichtbar vor Augenzeugen und wurden von Propheten oder geistgesalbten Personen gewirkt. Lediglich

Jesu Auferweckung war himmlischer Natur. Jesu Auferweckung wurde von Gott Vater selbst bewirkt und geschah unsichtbar für Menschen (Matthäus 28:5-7). – So wird auch nur Jesus Christus und 144 000 christusähnlichen Menschen eine himmlische Auferstehung zu teil, den Erben der himmlischen Königreichsregierung Gottes (Epheser 1:20; Römer 6:5+8; 1.Korinther 44-45, 47-49; Offenbarung 14:1, 4-5; 20:6), während alle anderen Entschlafenen wieder auf der Erde zum Leben kommen.

Jesus Christus versicherte seinen Zuhörern im Hinblick auf die irdische Auferstehungshoffnung: „Wundert euch nicht darüber, denn die Stunde kommt, in der alle, die in den Gedächtnisgrüften sind, meine Stimme hören und herauskommen werden …" (Johannes 5:28-29, Offenbarung 20:13). Paulus bestätigte in seinen Ausführungen über die irdische Auferstehung, dass es eine Auferstehung sowohl der Gerechten als auch der Ungerechten geben wird (Apostelgeschichte 24:15).

Bereits der gottesfürchtige Hiob in alttestamentarischer Zeit wusste, dass Gott ihn zu gegebener Zeit wieder ins irdische Leben zurückrufen würde. Er fragte sich einmal: „Wenn ein kräftiger Mann stirbt, kann er wieder leben?" Unter Inspiration gab er dem Schöpfer selbst die Antwort und sagte: „Du wirst rufen, und ich, ich werde dir antworten. Nach dem Werk deiner Hände wirst du dich sehnen" (Hiob 14:13-15).

Die damaligen Auferweckungen wurden Kraft des Heiligen Geistes Gottes gewirkt. So ist es und so wird es auch im neuzeitlichen Auferstehungsgeschehen sein:

Während die himmlische Auferstehung bereits seit 1914 u.Z. im Gange ist, der himmlischen Gegenwart und Inthronisierung Christi (1. Korinther 15:50-52), wird sich die irdische Auferstehung in der von Gott kommenden neuen Königreichsordnung ereignen (Offenbarung 20:11-13). Da wir nahe an der Schwelle zu Gottes verheißener Ordnung stehen, ist diese segensreiche Zeit nicht mehr fern. Die Auferstehung Entschlafener ist Teil der großen Wieder-herstellungsvorkehrung Gottes und wird sich mit absoluter Gewissheit erfül-len.

Was für eine Freude und Dankbarkeit wird die Auferstehung in Menschen auslösen, die Zeit ihres Lebens über den Verlust eines geliebten Angehöri-gen getrauert haben!

Und aus was für einen Schatz an Weisheit, Erfahrung und geschichtsträch-tigen Ereignissen können wir schöpfen, wenn die Entschlafenen nach und nach zu uns zurückkehren!

Das muss auf Ehrfurcht einflößende Weise ergreifend und einzigartig schön sein!

12.7 Harmonie zwischen Mensch und Tier

„Der Wolf und das Lamm selbst werden einträchtig weiden,

und der Löwe wird Stroh fressen so wie der Stier;

und was die Schlange betrifft, ihre Speise wird Staub sein.

Sie werden nicht Schaden tun

noch irgendwelches Verderben anrichten

auf meinem ganzen heiligen Berge, hat Jehova gesprochen."

(Jesaja 65; 25)

Gottes Königreichsordnung und das wiederhergestellte geistige Paradies werden sich auch überaus segensreich auf das Verhältnis zwischen Mensch und Tier auswirken:

Die Heilige Schrift verheißt, dass in Gottes neuer Weltordnung selbst wild lebende Raubtiere zahm und zutraulich werden wir Haustiere. Jehova inspirierte seinen Propheten Jesaja über diese einzigartige Königreichssegnung zu schreiben: „Und der Wolf wird tatsächlich bei dem männlichen Lamme weilen, und beim Böcklein wird selbst der Leopard lagern, und das Kalb und der mähnige junge Löwe und das wohlgenährte Tier, alle beieinander; und ein noch kleiner Knabe wird sie führen. Und die Kuh und der Bär, sie werden weiden; zusammen werden ihre Jungen lagern. Und selbst der Löwe wird Stroh fressen so wie der Stier. Und der Säugling wird gewisslich auf dem Loche der Kobra spielen; und auf die Lichtöffnung einer giftigen Schlange wird in der Tat ein entwöhntes Kind seine eigene Hand legen. Sie werden keinen Schaden stiften noch irgendwie Verderben anrichten auf meinem

170

ganzen heiligen Berge; denn die Erde wird gewisslich erfüllt sein mit der Erkenntnis Jehovas, wie die Wasser das ganze Meer bedecken" (Jesaja 11:6-9).

Was für eine herrliche Prophezeiung! Was für ein wunderbares Bild des Friedens und der Harmonie hier vermittelt wird!

Das sind sicherlich Segnungen, die wir erst im fortgeschrittenen Königreichsgeschehen erwarten können, wenn dem göttlichen Auftrag in 1. Mose 1, Verse 26-28 weitestgehend entsprochen worden ist, wo es heißt: „Seid fruchtbar und werdet viele …und unterwerft euch die Erde, **und haltet euch die Fische des Meeres und die fliegenden Geschöpfe der Himmel untertan und <u>jedes lebende Geschöpf</u>, das sich auf der Erde regt.**"

Unter der messianischen Königreichsführung wird diesem Auftrag in vollkommener Weise entsprochen werden. Dann wird die Menschheit jeden Bereich der Erde erschließen und gemäß seiner göttlichen Bestimmung pflegen und bewirtschaften. Dann kommen auch wild lebende Tiere unter die Obhut und Pflege der Menschen und sind nicht mehr sich selbst überlassen. Sie werden mit Lebensnotwendigem versorgt werden und lernen die Menschen als fürsorgliche und liebevolle Wegbegleiter kennen.

Es wird zweifellos viel Geduld und Zuwendung erfordern, um die Wesensart von Wildtieren zu ändern. Von noch größerer Bedeutung für die Zähmung ist allerdings die geistige Unterstützung Gottes, ohne die diese Wandlung nicht möglich wäre. Mit seiner wirksamen Kraft und seinem Segen ausgestattet, wird es der Menschheit gelingen, das prophezeite einmütige Verhältnis zur Tierwelt wieder herzustellen. Der Vers 9 der Prophezeiung Jesajas bestätigt, dass der Geist Gottes, der die ganze irdische Schöpfung durchdringen wird, ursächlich dazu beiträgt.

Wie begeisternd wird es sein, wenn sich Gottes Verheißung vor unseren Augen erfüllt!

12.8 Ein weltweites Paradies

„Dann hörte ich eine laute Stimme vom Throne her sagen:

Siehe! Das Zelt Gottes ist bei den Menschen,

und er wird bei ihnen weilen, und sie werden seine Völker sein.

Und Gott selbst wird bei ihnen sein.

Und er wird jede Träne von ihren Augen abwischen,

und der Tod wird nicht mehr sein,

noch wird Trauer, noch Geschrei, noch Schmerz mehr sein.

Die früheren Dinge sind vergangen.

…Und sie werden tatsächlich sitzen,

ein jeder unter seinem Weinstock und unter seinem Feigenbaum,

und da wird keiner sein, der sie aufschreckt;

denn der Mund Jehovas der Heerscharen selbst hat es geredet.“

　　(Offenbarung 21:3-4, Micha 4:4)

Im Laufe des 1000- jährigen Wiederherstellungsgeschehens wird die ganze Erde zu einem Paradies werden, in ihren ursprünglichen Zustand der Wonne und Heiligkeit umgestaltet werden. Die Erde wird so schön und fruchtbar sein wie der Garten Eden, ein faszinierendes Naturparadies (Psalm 145:16).

Das zukünftige Weltbild wird den erlösten, gottnahen Herzenszustand der Menschheit widerspiegeln und so harmonisch und friedvoll sein, wie zu Beginn der Menschheitsgeschichte (Psalm 37:11):

Wenn alles Ungute in der Welt durch die segensreichen Vorkehrungen des messianischen Königreiches besiegt worden ist;

wenn Menschen aller Nationen vereint sind;

wenn es friedvolle und stabile Verhältnisse auf der Erde gibt;

wenn Krankheit und Tod nicht mehr sind;

wenn sich jeder von Herzen seines Lebens und Wirkens auf der Erde erfreuen kann,

dann ist deutlich sichtbar und spürbar, dass mit dem Willen Gottes auf Erden auch der Unsrige geschieht.

Darum bitten wir glaubensvoll:

„Unser Vater in den Himmeln,
dein Name werde geheiligt.
Dein Königreich komme.
Dein Wille geschehe wie im Himmel
so auch auf der Erde…
Amen."

Schlusswort

„Ich will dich unterweisen
und dir den Weg zeigen,
den du gehen sollst;
ich will dich mit meinen Augen leiten."

(Ps. 32:8 Luther- Übersetzung)

Der obige Psalm wird auf die geistgesalbten Nachfolger Jesu Christi angewandt, die im Königreichswerk Gottes führend vorangehen.

Mit diesem Psalm bin ich bei meiner Konfirmation eingesegnet worden. Ob mein damaliger Pfarrer in Hagedorn, Pastor Strunk, unter göttlicher Inspiration stand, als er diesen Konfirmationsspruch für mich ausgewählt hat?

Es scheint so.

Dieser Psalm spiegelt treffend meinen christlichen Lebensweg wieder, der seit 35 Jahren eng mit dem Königreichsvorhaben Gottes verknüpft ist:

Mit meiner „späten" Berufung in die messianische Königreichsregierung hat mich Gott Vater endzeitliche Dinge sehen und verstehen lassen, die meinen Vorgängern aufgrund ihrer früheren Berufung nicht zu Teil werden konnte.

So hat er mich in die Lage versetzt, das „Kommen des Königreiches Gottes" vor dem Hintergrund eines großen Erlösungsgeschehens zu sehen, durch das allen Menschen guten Willens Rettung und Heil zu Teil werden wird.

Kraft meiner Berufung durfte ich Fehldeutungen endzeitlicher Schriftstellen, die mit dem Heilsvorhaben Gottes nicht im Einklang sind, richtigstellen und dazu beitragen, „Gottes Namen zu heiligen."

Obwohl mir das Wort Gottes bereits zu Beginn meines Bibelstudiums sehr vertraut war, habe ich meine biblische Erkenntnis und meine Biografie Arbeit noch über viele Jahre hinweg vertiefen müssen, um das Königreichsbuch in der Ihnen vorliegenden Form schreiben zu können. Ich habe dafür die freien Stunden neben meiner Berufstätigkeit genutzt: Wochenenden, Urlaubstage – Zeiten, die eigentlich für meine Erholung notwendig gewesen wären.

Mit Bestimmtheit darf ich sagen, dass mich jeder Satz – ja, jedes Wort dieses Buches – einen Tropfen Blut gekostet hat. In der Zeit meiner größten Erschöpfung ist tatsächlich Blut geflossen, ... Eingeweihte wissen, was ich damit meine.

Gemäß der Heiligen Schrift hat das Blut Christi, das für die Königreichsinteressen Gottes vergossen wurde, eine erlösende und heiligende Kraft. Das trifft in untergeordneter Weise auch auf die persönlichen Opfer seiner Mitberufenen zu, die ihre Zeit und Kraft für das Königreichswerk Gottes einsetzen, wozu auch ich mich mit meinem Dienst und der Niederschrift dieses Buches zählen darf.

Das hier dargestellte Erlösungs- und Heilsvorhaben Gottes vermittelt ein reales Bild von der Persönlichkeit unseres himmlischen Vaters und seiner großen Liebe zur Menschheit. Es gehört zu den Buchrollen, die gemäß Offenbarung Kapitel 20, Vers 12 in Gottes neuer Weltordnung geöffnet werden und dient der Aufarbeitung des vor uns liegenden Abschluss- und Erlösungsgeschehens. In dieser Funktion wird es seine volle Bedeutung und Aussagekraft entfalten und eine erlösende und heiligende Wirkung haben.

Zudem wird es, wie die Heilige Schrift, ein theokratischer Wegweiser in dem geistigen Zeitalter sein, dem wir mit großen Schritten entgegengehen.

Wie gut, dass unser himmlischer Vater mit seinem Königreich für eine Heilsvorkehrung gesorgt hat, durch die die ganze Schöpfung in den Urzustand der Wonne zurückgeführt werden wird. Ohne seine Rettungsvorkehrung, ohne seine geistige Führung und Unterstützung wäre all das nicht möglich.

Danken wir unserem himmlischen Vater für sein schon so lang währendes, unermüdliches Wirken im Dienste der Menschheit und freuen uns auf die segensreiche Zeit unter seiner messianischen Königreichsführung!

Abschließend möchte ich sagen, dass es mir ein Herzensbedürfnis gewesen ist, dieses Buch zu schreiben. Ich bin damit meiner christlichen Lebensaufgabe und Berufung nachgekommen. Obwohl es mich viel Zeit und Kraft gekostet hat, gibt es nichts in dieser Welt, was ich lieber getan hätte, als mich meiner Königreichsaufgabe zu widmen. Ich kann mich nur den Worten Jesu Christi anschließen, der über seinen irdischen Königreichsdienst sagte: „Deinen Willen zu tun, o mein Gott, ist meine Lust gewesen; und dein Gesetz ist in meinem Innern" (Hebräer 10:7, Psalm 40:8).

Ich wünsche Ihnen von Herzen, lieber Leser, dass auch **Sie** I h r e Aufgabe in Gottes neuer Weltordnung erkennen und mithelfen, sein wunderbares Wiederherstellungsvorhaben auf der Erde zu verwirklichen.
Dazu verhelfe Ihnen Gott Vater
und darin segne er Sie.

Alles Gute auf dem Weg in Gottes neue Weltordnung

wünscht

Birgit Knefelkamp   Lübbecke im Oktober 2019

Die Niederschrift dieses Buches erfolgte von 2003 bis September 2009.

Überarbeitet und verlegt: April 2018 bis Oktober 2019

Quellenverzeichnis

In diesem Buch wird Bezug genommen auf Studienmaterial der Wachtturm Bibel- und Traktat Ges. e.V. Selters/Taunus

<u>Bücher:</u>

Dein Königreich komme - von 1981

Du kannst für immer im Paradies auf Erden leben – v. 1982

Die Offenbarung. Ihr großartiger Höhepunkt ist nahe! – v. 1988

Die Prophezeiung Daniels. Achte darauf! – v. 1999

Einsichten über die Heilige Schrift, Band 1 – v. 1992

Die Prophezeiung Jesajas, Band 2 – v. 2001

<u>Wachtturmausgaben:</u>

01.02.1989
Seite 10-15, 15-20, Studienartikel:
Bündnisse – im Zusammenhang mit Gottes ewigem Vorsatz
Wirst du Nutzen ziehen aus Gottes Bündnissen?

01.02.1998
Seite 8-12, 13-18, Studienartikel:

Jehova – Ein Gott der Bündnisse
Größere Segnungen durch den Neuen Bund

01.09.1996
Seite 8-13, 14-19, Studienartikel:
Das Gesetz vor der Zeit Christi
Das Gesetz des Christus

15.02.1998
Seite 12-17, 17-22, Studienartikel:
Jehova führt viele Söhne zur Herrlichkeit
Bald herrliche Freiheit für die Kinder Gottes

15.10.2014
Seite 7-12, 13-17, Studienartikel:
Fest an das Königreich glauben
Ihr werdet „ein Königreich von Priestern"

01.10.2014
Das Reich Gottes, Seite 4-7

01.08.2015
Der Tod – Abschied für immer?, Seite 4-8

Die verwendete Bibelübersetzung ist, wenn nicht anders angegeben, die
Neue Welt-Übersetzung der Heiligen Schrift von 1971.
Ansonsten:
Die Luther- Übersetzung der Deutschen Bibelgesellschaft von 1999

Zur Autorin

Birgit Knefelkamp wurde 1961 in Bünde/Westfalen geboren.

Von Beruf ist sie Bankangestellte und in ihrer Freizeit christlich und sozial engagiert.

Im Alter von 23 Jahren erlebte sie, wie die frohe Botschaft vom **Kommen** des Königreiches Gottes augenblicklich eine Lebenskrise beendete und ihr zu einem einzigartigen Erlösungsgeschehen verhalf.

Seitdem ist Gottes Königreich ihr Leben und ihre ganz große Liebe.

Wie sich diese Liebe zu Gottes messianischem Königreich zu einer wahren Berufung und Lebensaufgabe entwickelt hat, wird durch den nachfolgend dargestellten Verlauf ihres christlichen Lebensweges deutlich.

Biografische Daten meines christlichen Lebensweges

1984

- **ERLÖSUNG** durch die frohe Königreichsbotschaft
- Mehrjähriges Bibelstudium mit Königreichsverkündigern (Zeugen Jehovas)
- Persönliches Bibelstudium bis heute, anhand des Studienmaterials der Wachtturm Bibel- u. Traktat Ges. e.V. Selters/Taunus
- Besuch der christlichen Zusammenkünfte in Bünde, seit 1996 Lübbecke, Hille (bis heute)

1990 – 2001

- Analysierung meines Erlösungsgeschehens und das meiner Zwillingsschwester (Biografie- Arbeit)
- Analysieren von Bibelversen
- Studium und Anwendung geistiger Heilslehren nach der Lehre Bruno Grönings

1998 - heute

- Auslegung von Bibelversen – Priorität Offenbarung

2003- Sept. 2009

- Niederschrift meines Buches „Dein Königreich komme"

2008 - Dez. 2009

- Sonderurlaub für das Königreichsbuch

1984 - heute

      Verkündigung der frohen Königreichsbotschaft:

- Persönlich - im privaten und beruflichen Umfeld
- Brieflich

1995 - 2011

      Soziales Engagement:

- Ehrenamtliche Betreuung einer Seniorin im Seniorenheim Lübbecke am Kirchplatz

2011 - heute

- Krankenbesuche bei Senioren
- Bei der Betreuung und Pflege meiner Mutter geholfen (verst. 2016)

2013 – Febr. 2018

- Niederschrift meines Buches „Erlöse uns von dem Bösen"

2015 - Okt. 2017

- Sonderurlaub für das Erlösungsbuch und
- die Betreuung meiner Mutter

Okt. 2017

- Beendigung meiner beruflichen Tätigkeit für den ganzherzigen Königreichsdienst

2018 – Okt. 2019

- Überarbeitung meines Buches „Dein Königreich komme"

Danken möchte ich abschließend:

Meinen Eltern, insbesondere meiner Mutter, die meinen nicht immer einfachen Lebensweg mitgetragen hat – meiner Zwillingsschwester Petra, die mit ihrer Biografie Pate gestanden hat, für die Entschlüsselung des vollständigen Heilsvorhabens Gottes – dem Ehepaar Knäuper, die mich mit der Königreichsbotschaft vertraut gemacht und mit mir über viele Jahre hinweg die Bibel studiert haben – den Versammlungen der Zeugen Jehovas in Bünde/Dünne und Lübbecke, die mich immer freundlich aufgenommen und mit Studienmaterial versorgt haben – dem Bruno Gröning Freundeskreis, Gemeinschaft Bünde/Enger für die Unterstützung in den Jahren 2008-2009 und meinem Arbeitgeber, der mir Sonderurlaub für meine christlichen Aktivitäten ermöglicht hat.

Ein besonderer Dank geht an Wilfried Bremermann, dem Autor zahlreicher Mühlenkreis- Krimis, der mir trotz seines engen Terminkalenders geholfen hat, mein Buch im Selbstverlag zu veröffentlichen.

Auch allen, die mich zukünftig noch bei meinen Königreichsaktivitäten unterstützen werden . . . sage ich DANKE . . . und ein von Herzen kommendes „VERGELTS GOTT".